河北省文物保护单位数字化信息建设的探索与实践

河北省文物局　河北省文物与古建筑保护研究院　编

张建勋　董　旭　著

科　学　出　版　社

北　京

内 容 简 介

河北省地处华北平原北部，东临渤海、西倚太行，古为燕赵之乡、京畿之地，历史悠久，文物遗存众多。为实现对文物信息的永久保存、对文物本体的无接触测量记录以及对文物资源的高效利用，河北省文物局启动河北省文物保护单位数字化项目，利用照片、视频、VR 全景、倾斜摄影建模、三维激光扫描等技术手段对河北省 986 处文物保护单位进行数字化采集。项目于 2016 年启动，2021 年结束。在不断的探索与实践过程中，项目组总结出了一套完整的文物保护单位数字化采集方法，实现了对文物保护单位基础信息、管理信息和现状信息的全方位记录。本书是对 2016 ～ 2021 年数字化工作的系统总结，图文并茂，直观生动，全面展现数字化工作探索历程，分享文物数字化实践经验方法，在今天的文物保护维修、科学研究、展示利用和安全监管等方面具有很高的学术价值和借鉴意义。

本书适合文物保护与管理领域的专业技术人员以及高等院校相关专业的师生参考阅读。

图书在版编目(CIP)数据

河北省文物保护单位数字化信息建设的探索与实践 / 河北省文物局, 河北省文物与古建筑保护研究院编 ; 张建勋, 董旭著. — 北京 : 科学出版社, 2022.11

ISBN 978-7-03-073556-0

Ⅰ. ①河… Ⅱ. ①河… ②河… ③张… ④董… Ⅲ.①文物保护－文物工作－信息化建设－研究－河北 Ⅳ.①K872.22

中国版本图书馆CIP数据核字（2022）第194054号

责任编辑：吴书雷 / 责任校对：邹慧卿
责任印制：肖 兴 / 书籍设计：北京美光设计制版有限公司

科 学 出 版 社 出版
北京东黄城根北街16号
邮政编码：100717
http://www.sciencep.com

北京华联印刷有限公司 印刷

科学出版社发行 各地新华书店经销

*

2022 年 11 月第 一 版 开本：889 × 1194 1/16
2022 年 11 月第一次印刷 印张：17 3/4
字数：510 000

定价：338.00 元

（如有印装质量问题，我社负责调换）

序　言

做好文物保护利用，全面勘察、实测文物遗存，对相关信息的记录、保存是一项基础性工作。近年来，随着信息采集技术的发展，运用三维激光扫描、无人机摄影测量、近景摄影测量、超高精度扫描等为这项工作提供了丰富的技术手段，特别是形态数据的采集与处理效果良好。“十三五”以来，以省级以上文物保护单位为主要实施对象，河北省启动了河北省文物保护单位数字化信息采集工作，项目由河北省文物与古建筑保护研究院主持负责。从2016年开始至2022年，共计完成了986处文物保护单位的数字化信息采集，其中全国重点文物保护单位273处，省级文物保护单位659处，价值较高、数字化保护紧迫性较强的省级以下文物保护单位54处，同时建设完成河北省文物保护单位数字化平台，圆满地完成了既定任务。

本书对河北省省级以上文物保护单位数字化项目组织实施、技术方案、数据库建设以及数据成果等进行了全面系统的回顾总结，河北省文物保护单位数字化工作是数字信息前沿技术和文物保护管理相结合的一次重要探索实践，经历了不断探索、完善和发展的过程，积累了经验，锻炼了队伍，搭建了数字化平台，这项工作所取得的技术成果，将为河北省文物保护、管理、展示和利用等工作起到持续的积极推动作用。

文物资源是人类共有共享的精神文化财富，具有稀缺性、脆弱性和不可再生性，如何让更多人有机会接触文化遗产，近距离感受文化遗产的魅力，数字技术的不断发展使之成为可能。文物数字化保护利用工作任重道远，数字技术在文物保护利用中的应用将会更加广泛，期待更多的专业机构、科研人员和社会力量参与到文物数字化保护利用工作中，让更多的文物资源得到长久保存、永续利用。

2022年10月26日

目　录

第一章

总体情况

第一节 基本情况

一、项目背景

“文物承载灿烂文明，传承历史文化，维系民族精神，是老祖宗留给我们的宝贵遗产，是加强社会主义精神文明建设的深厚滋养。保护文物功在当代、利在千秋。”随着数字信息化技术的迅猛发展，人类社会逐步进入信息时代、大数据时代，将数字信息化技术运用到文物保护工作中成为大势所趋。

2016 年 3 月，第十二届全国人大四次会议表决通过《国民经济和社会发展第十三个五年规划纲要》，提出：构建中华优秀传统文化传承体系，实现传统文化创造性转化和创新性发展，加强文物保护利用，延续历史文脉；加快建设数字中国，加快公共数字文化建设。

2016 年 4 月，习近平主席对文物保护工作作出重要指示：切实加大文物保护力度，推进文物合理适度利用，使文物保护成果更多惠及人民群众。各级文物部门要不辱使命，守土尽责，提高素质能力和依法管理水平。2016 年 12 月，国务院印发《“十三五”国家信息化规划》，提出加快文化资源数字化进程，进一步推动文化信息资源库建设，深化文化信息资源的开发利用。

2018 年 12 月，中央经济工作会议提出：要发挥投资关键作用，加大制造业技术改造和设备更新，加快 5G 商用步伐，加强人工智能、工业互联网、物联网等新型基础设施建设。2020 年 4 月，国家发展和改革委员会明确了“新型基础设施”的概念：新型基础设施，是以新发展理念为引领，以技术创新为驱动，以信息网络为基础，面向高质量发展需要，提供数字转型、智能升级、融合创新等服务的基础设施体系。数字化工作作为“新型基础设施建设”的重要内容，被提升到了新的高度。

2021 年 3 月，第十三届全国人大四次会议表决通过了《中华人民共和国国民经济和社会发展第十四个五年规划和 2035 年远景目标纲要》，提出：深入实施中华优秀传统文化传承发展工程，强化重要文化和自然遗产、非物质文化遗产系统性保护，推动中华优秀传统文化创造性转化、创新性发展，加强文物科技创新，加强世界文化遗产、文物保护单位、考古遗址公园、历史文化名城名镇名村保护；加快数字化发展，建设数字中国，迎接数字时代，激活数据要素潜能，推进网络强国建设，加快建设数字经济、数字社会、数字政府，以数字化转型整体驱动生产方式、生活方式和治理方式变革；围绕强化数字转型、智能升级、融合创新支撑，布局建设信息基础设施、融合基础设施、创新基础设施等新型基础设施。

2021 年 11 月，国务院办公厅印发《“十四五”文物保护和科技创新规划》，提出：建设国家文物资源大数据库。系统整合全国不可移动文物资源数据库、国有可移动文物普查数据库、革命文物数据库等，加强文物资源大数据应用。将文物资源空间信息纳入国土空间基础信息平台。加强文物数字化保护，以世界文化遗产、全国重点文物保护单位、馆藏一级文物等为重点，推进相关文物信息高清数据采集和展示利用。完善全国考古发掘信息管理系统。建立文物数字化标准规范体系，健全数据管理和开放共享机制，加大文物数据保护力度。支持国家和省级文物数据中心、重点文博单位信息基础设施建设，加强文物领域新型基础设施建设。

从“十三五”到“十四五”，文物保护工作和数字化工作长期受到国家重视，河北省文物保护单位数字化项目也在此背景下启动、展开并逐步深入。

二、组织实施

2015 年底，河北省文物局开始部署河北省文物保护单位数字化工作。

2016 年，河北省文物保护单位数字化项目正式启动，河北省文物局委托河北省文物与古建筑保护研究院承担实施。在河北省文物局的指导下，河北省文物与古建筑保护研究院充分发挥自身专业优势，建立数字化项目组，全力保障项目工作顺利开展。

河北省文物与古建筑保护研究院作为项目责任单位，制定项目总体规划，综合考虑项目周期、工程性质与规模、场地条件与气候等各种因素，制定各年度实施方案，确保 2021 年 12 月底前，完成河北省省级以上文物保护单位（不含世界文化遗产）的数字信息采集工作任务。

三、工作内容

本项目的主要工作内容是：运用照片、视频、VR 全景、摄影测量建模、三维扫描等数字技术手段，对河北省省级以上文物保护单位（不含世界文化遗产）以及价值较高、数字保护需求紧迫的省级以下文物保护单位进行数字信息采集，并对文物保护单位相关管理信息进行调查评估、对相关档案资料进行数字化整理归档；建设河北省文物保护单位数字化平台软件系统，存储、展示文物保护单位数字技术信息成果，并对相关技术数据成果进行分析、评估。

（一）实施对象

河北省文物保护单位数字化项目的实施对象为河北省省级以上文物保护单位（不含世界文化遗产）以及价值较高、数字保护需求紧迫的省级以下文物保护单位。

省级以上文物保护单位主要包括全国重点文物保护单位和河北省省级文物保护单位两个级别，是本项目的主要实施对象。部分省级以上文物保护单位属于长城、大运河、承德避暑山庄及周围寺庙、明清皇家陵寝等世界文化遗产的重要遗产点段，计划后续列入世界文化遗产数字化项目，因此未纳入本项目的实施范畴。

项目在实施过程中，根据当地文物管理部门要求增加了工作内容，对部分价值较高、数字保护需求紧迫的省级以下文物保护单位进行了数字信息采集工作。项目实施对象的灵活调整，一方面及时地满足了当地文物管理工作的迫切需求，另一方面也对数字信息技术在文物管理工作中的应用起到了一定的推广宣传作用。

（二）数据内容

文物保护单位的采集内容主要包括基础数据、管理数据和现状数据三部分。

基础数据包括记录档案、工程资料、研究文献等。

记录档案：即文物保护单位的记录档案。本项目在实施过程中，搜集整理的记录档案主要为全国重点文物保护单位记录档案、河北省省级文物保护单位记录档案等。文物保护单位记录档案是专业人员用文字、图表、摄影材料、录像、拓片、摹本及其他信息载体等形式，对文物保护单位本身的历史、艺术和科学价值进行科学、准确、翔实的记录。一份准确科学的文物保护单位记录档案，是文物保护单位价值呈现的重要实物载体，不仅完整地记录了文物保护单位的历史演变历程，而且传递着重要的历史信息，是文物“四有”工作的重要内容，也是本项目文物保护单位基础数据板块的重要组成部分。档案工作是文物工作的基础和重要组成部分，本项目通过前期对文物保护单位记录档案搜集、查阅、整理以及电子化的工作，进一步深入了解采集对象的各方面情况，为后续确定文物本体技术数据采集重点、选择数字技术路线等奠定了基础。文物保护单位记录档案数据在基础数据采集工作中，乃至整个数据采集、整理、编辑、制作过程中均具有重要的意义。

工程资料：即与文物保护单位相关的工程类资料。本项目在实施过程中，搜集整理的工程资料主要是与采集对象（文物保护单位）相关的设计资料、规划资料、施工资料和考古资料等。文物保护单位所累积的历次保护工程资料，如同就诊者的“病历本”，对于后续每一次“复诊”、“大夫开方拿药”具有重要的作用。因此，本项目将文物保护单位工程资料搜集、整理、电子化等工作作为基础数据板块的一项重要内容，以促进文物保护单位保护工程资料科学规范管理，为后续文物保护工程的实施提供“病例”参考、借鉴。

研究文献：即与文物保护单位相关的研究类文献成果。本项目在实施过程中，搜集整理的研究文献主要是与采集对象（文物保护单位）相关的古籍方志、著作、论文等。围绕采集对象所产生的一系列研究文献成果，对进一步阐述文物保护单位历史价值、科学价值、艺术价值、文化价值、社会价值，以及科学合理地推动相关保护利用工作具有重要作用。本项目在文物保护单位基础数据板块组织构架中，将研究文献单独列为一个数据单元，以强化对相关研究文献的系统梳理，加强社会各界对文物保护单位的价值认同，提高文物保护单位的保护、利用、研究水平。

管理数据包括“四有”情况、“三防”情况、使用情况等。

“四有”情况：文物“四有”是指文物保护单位应当有保护范围、有标志说明、有记录档案、有专门机构或专人负责。《中华人民共和国文物保护法》、《中华人民共和国文物保护法实施条例》、《中国文物古迹保护准则》以及《全国重点文物保护单位记录档案工作规范》等均对文物“四有”工作的重要意义进行了详细的阐述。文物“四有”规范工作是国家依法对文物保护单位实施保护管理的基本措施和保证，是我国文物工作的重要内容。本次“四有”情况调查，对于深入了解各文物管理部门工作情况具有重要的意义。

“三防”情况：文物“三防”指的是消防、安防、防雷三项安全保护工作，文物安全是文物保护的红线、底线和生命线。本次文物保护单位“三防”情况的调查内容主要包括监控设施、避雷设施、消防设施、用电设施等情况，“三防”情况调查工作对于全面了解和掌握河北省文物保护单位的安全保护工作情况具有重要意义。

使用情况：文物保护单位的使用情况主要包括办公场所、开放参观、宗教活动、军事设施、工农业生产、商业用途、居住场所、教育场所、无人使用、其他用途等。本次对文物保护单位使用情况的调查工作，有助于促进河北省文物保护单位科学合理利用，让陈列在广阔大地上的遗产活起来，弘扬中华优秀传统文化。

现状数据主要分为信息总览、总体布局、文物本体和附属文物等数据板块。

信息总览：主要以代表性照片、文字简介等概括展现文物保护单位的基本信息。

总体布局：主要以航拍照片、俯视正射影像图、卫星图、视频、VR 全景等数据，记录、展示文物保护单位的总体布局及周边环境现状。

文物本体：主要以照片、正射影像图、摄影测量模型、三维扫描点云等数据，记录、展示文物保护单位各文物本体的现状。

附属文物：主要以照片、正射影像图、摄影测量模型等数据，记录、展示文物保护单位各附属文物的现状。

（三）技术手段

河北省文物保护单位数字化项目的基础数据和管理数据主要依靠资料搜集整理、调查记录等手段获取。现状数据采集是数字化项目的工作重点，为实现对文物现状全面、真实的记录，做好文物数字预防性保护工作，项目组采用了照片、视频、VR全景、摄影测量建模、三维扫描等多种技术手段对文物保护单位的现状数据进行采集。

照片：以拍摄照片的方式全面记录文物保护单位的保存状况、时代特征等信息。

视频：以拍摄视频的方式记录文物保护单位的现状，形成动态、直观、更具宣传效果的数据成果。

VR全景：利用VR全景摄影技术对文物本体结构、整体布局及外部环境等进行记录。

摄影测量建模：以摄影技术采集文物保护单位的色彩、纹理、结构等数据生成模型，并在此数据基础上制作正射影像图和三维展示视频等。

三维扫描：通过三维扫描技术获取采集对象的高精度点云数据，并在此数据基础上制作点云正射影像图和三维点云展示视频等。

（四）平台软件建设

建设相关平台软件系统，将技术数据成果录入软件系统，实现采集数据的安全存储与高效展示，并在此基础上对数据成果进行初步分析，完成对文物保护单位管理状况的评估、预警。

第二节　工作历程

一、探索（2016～2017年）

2016 年数字化项目正式启动，为试点探索阶段，项目组建设完成了河北省文物建筑数据存储系统，对河北省古建院存档的相关纸质资料进行电子化扫描，采集正定开元寺数据信息，试运行数据存储系统。

2017 年 4 月，中共中央、国务院决定设立河北雄安新区。新区建设，文物先行。按照省文物局的统一部署，数字化项目组将雄安新区及其周边区域 53 处不可移动文物纳入 2017 年度河北省文物保护单位数字化项目的采集计划，并顺利完成。同时，项目组以邯郸市峰峰矿区北响堂石窟为试点，开展了石窟寺及石刻类不可移动文物的数字信息采集的探索工作。

2017 年 9 月，河北省文物局组织召开河北省文物保护单位数字化项目阶段论证会，与会专家和领导对数字化项目提出了宝贵意见和建议。根据相关意见，项目组制定了《河北省文物保护单位数字化项目总体规划》，部署了在 2018 ~ 2021 年逐步完成全省省级以上文物保护单位（不含世界文化遗产）的数字化信息采集任务。

二、发展（2018～2019年）

2018 年起，河北省文物保护单位数字化项目进入全面推进阶段。项目组根据《河北省文物保护单位数字化项目总体规划》部署，按照全面谋划、突出重点、务实推进、分步实施的原则，逐步开展全省省级以上文物保护单位（不含世界文化遗产）数字化采集工作。2018 年度完成了邢台市 47 处古建筑、石窟寺及石刻、近现代重要史迹及代表性建筑类文物保护单位的数据采集工作。

2019 年，河北省文物保护单位数字化项目的采集对象范围进一步扩大：由前一阶段的以古建筑、石窟寺及石刻、近现代重要史迹及代表性建筑 3 个类型为主，拓展到不可移动文物全部的 6 个类型，增加了古遗址、古墓葬和其他 3 个类型的采集对象；采集对象区域范围也由单一地市扩展为多个地市。2019 年度项目组完成石家庄市、秦皇岛市、沧州市、廊坊市 4 个地市辖区内 196 处文物保护单位的数字化信息采集任务。同时，在信息录入过程中，由于数据量的大幅度增加和采集对象类型的扩展，原河北省文物建筑数据存储系统已不能满足现有数据的存储和展示要求，项目组对河北省文物建筑数字化数据存储系统进行了优化升级，建设了河北省文物保护单位数字化平台，以更好地实现对全省各类型文物保护单位数据的存储、展示、分析和评估。

2020 年 4 月，河北省文物局组织召开河北省文物保护单位数字化项目中期验收会，对数字化项目 2016 ~ 2019 年的阶段性工作成果进行验收，并对河北省文物保护单位数字化的下一步工作提出明确要求。项目顺利通过中期验收，并向省文物局提交了相关数据成果。

三、成熟（2020～2021年）

经过前期的经验积累，河北省文物保护单位数字化项目逐渐进入成熟阶段。2020 年度河北省文物保护单位数字化项目完成了唐山市、邯郸市、邢台市、沧州市、衡水市 340 处文物保护单位的数字化信息采集工作任务。

2021 年度河北省文物保护单位数字化项目完成了保定市、张家口市、承德市 348 处文物保护单位的数字化信息采集工作任务。

随着 2021 年项目工作的结束，为期 6 年的河北省文物保护单位数字化项目全面告竣，顺利完成河北省省级以上文物保护单位（不含世界文化遗产）数字化信息采集的总体任务目标（图 1-1）。

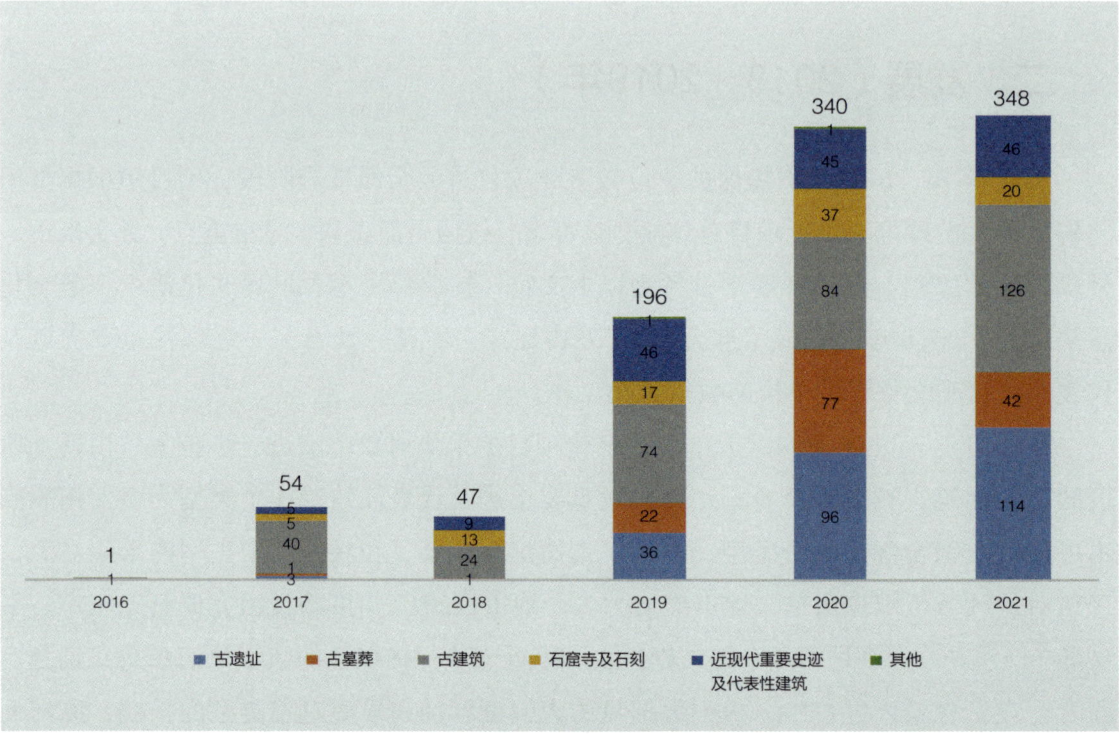

图1-1 文物保护单位采集数量统计图

第三节　成果意义

一、资料留存

河北省文物保护单位数字化项目共计完成了986处文物保护单位的采集工作，其中全国重点文物保护单位273处，省级文物保护单位659处，价值较高、数字保护紧迫性较强的省级以下不可移动文物54处。项目总计采集完成照片986套、视频955套、VR全景377套、摄影测量模型数据258套，三维扫描点云数据25套（图1-2）。全部成果数据进行了多重备份存储。

文物是不可再生的珍贵资源，属于我们也属于子孙后代。然而随着时间流逝，文物也不可避免地受到自然或人为因素的种种破坏。河北省文物保护单位数字化项目的

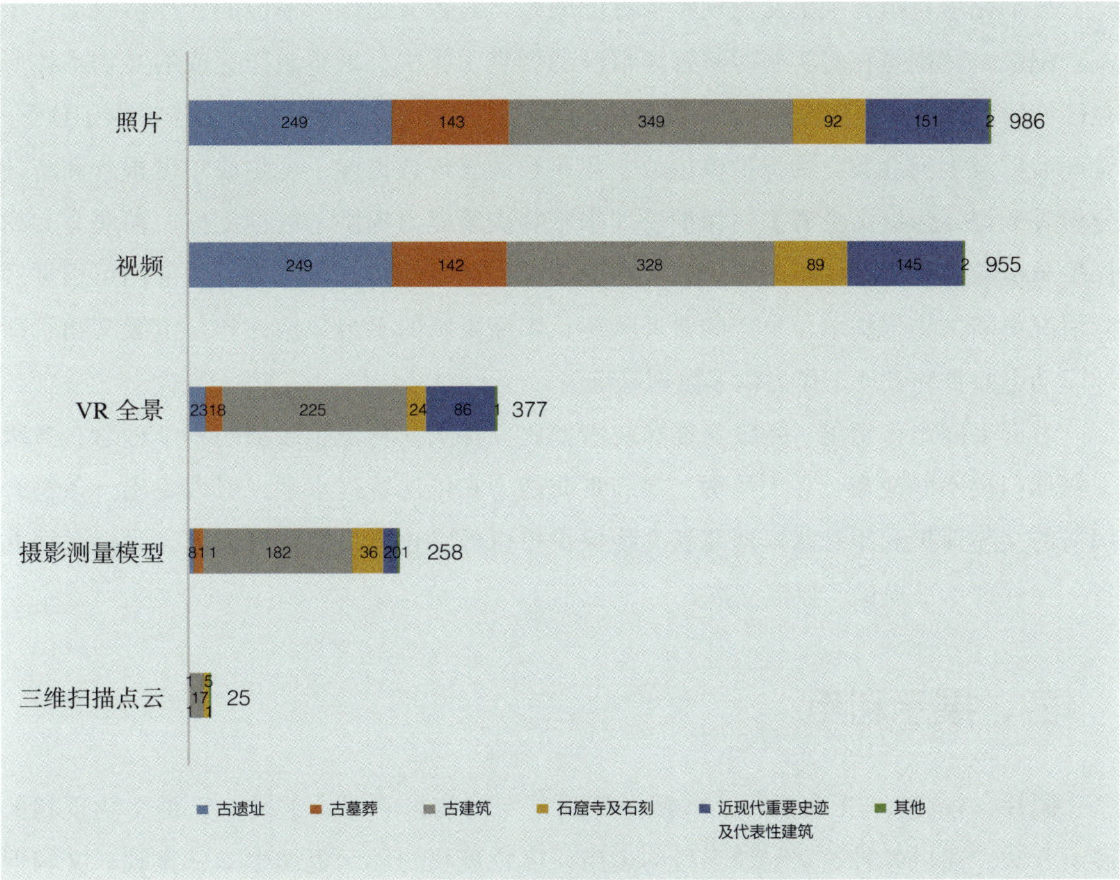

图1-2　数据成果统计图

实施，全面记录了文物保护单位的现状信息，将实体资源转化为数字资源，实现了文物资源的永久保存和永续利用，是文物预防性保护工作的重要基础工作。

二、技术探索

河北省文物保护单位数字化项目是以全省省级以上文物保护单位为主要采集对象开展的省域规模的数字化工作，目前在全国范围内具有开创性意义。项目针对不同类型文物保护单位的具体情况，抓住重点，制定专门的方案，采取不同的技术手段进行数据采集，同时优化工作流程，在保证精度的同时，提高采集效率，实现技术突破。

在不断的探索与实践过程中，数字化项目组形成了一套完整的文物保护单位数字化的采集方法，在短时间内实现了对大量文物保护单位基础信息、管理信息和现状信息的全方位记录，可为全国文物保护单位全面、统一地开展数字化工作提供方法借鉴。

三、管理监督

数字化项目组在采集文物现状信息的同时，对各文物保护单位的管理情况进行了调查记录，特别是在对实施对象管理情况的调查工作中，采集制作完成的文物本体所在区域的大区域正射影像图，为调整保护区划、环境整治等后续的管理工作提供了依据。管理数据录入河北省文物保护单位数字化平台的管理数据库，可生成年度报告和统计分析等数据，为提高全省文物保护管理水平和决策能力提供了数据支撑。河北省文物保护单位数字化平台设置有各层级文物管理部门登录端口，市县级文物部门可根据实际情况更新文物保护单位每年的管理状况，不断更新的平台数据为省、市级文物管理部门动态监督和管理工作提供了数据基础。

习近平同志曾指出：各级党委和政府要树立保护文物也是政绩的科学理念，各级文物部门要不辱使命，守土尽责，提高素质能力和依法管理水平，努力走出一条符合国情的文物保护利用之路。河北省文物保护单位数字化项目的顺利完成，为提高河北省文物管理水平提供了数据支撑。

四、展示利用

照片、视频、VR 全景、三维模型等既是文物信息的记录手段，又是文物现状的展示方式。通过各种数字科技手段的运用，文物现状的展示更加生动、直观，文物保护与现代数字信息科技融合创新，进一步促进了河北省文旅融合发展。目前项目原始数据和成果数据已逐步交付各层级文旅管理部门，这些技术数据将成为科学开展文物保护单位保护利用工作的重要基础。河北省文物保护单位数字化平台的公众门户板块，将部分数据成果对大众开放，使数字成果惠及民众，公众能够多角度、全方位、近距离地感受文物魅力，进一步增强文化自信。

第二章

各年度工作情况

第一节 2016年度项目开展情况

一、项目概况

2016 年是河北省文物保护单位数字化项目的第一年，整体工作尚在探索阶段，组建数字化项目组、确定技术数据标准、建立数据内容框架是最为紧要的任务。

2016 年项目的主要工作内容为：组建数字化项目组，配备数字化项目组所需的办公设备，升级改造数据存储设备及机房；电子化河北省古建院资料室中与河北省文物保护单位相关的文档资料，选取 1 处古建筑类文物保护单位实施数字技术采集；建立河北省文物建筑数字存储系统，以电子化的文档资料和数字化采集试点的信息数据成果试运行数字存储系统。

二、完成情况

完成数字化项目组组建。抽调河北省古建院相关专业技术人员组建项目组，并根据项目数据处理、制作等技术要求，配备技术参数适当的计算机、相机等设备。

完成文档资料搜集、整理及电子化。一方面对河北省古建院资料室现有的纸质资料和图纸进行了全面整理，按照地区进行大分类，再以设计、规划、施工等类别进行细分类，整理完成与河北省文物保护单位相关的纸质资料 1381 套，并对图纸进行了电子化扫描，共完成 45 个项目 133 卷硫酸图纸的电子化扫描工作。另一方面，整理完成河北省古建院使用计算机制图以来的电子资料 645 份。

完成石家庄市正定县开元寺试点数据采集。应用现代数字采集技术，完成照片、VR 全景、视频、三维扫描点云数据各 1 套。

完成河北省文物建筑数字存储系统搭建。建设河北省文物建筑数字存储系统，并以整理的电子文档资料与现状技术数据试运行存储系统，存储系统基本能够满足后续技术数据的存储备份需求。

三、进展小结

作为河北省文物保护单位数字化项目的开局之年，2016 年度工作内容较为简单，但对于项目的后续发展方向具有重要的影响。本年度以组建数字化项目组和搭建技术数据内容框架为工作重点，并以正定开元寺为实施对象，熟悉并掌握了照片、VR 全景、视频、三维扫描等数字采集技术的应用。随着 2016 年度项目的实施完成，项目组初步明确了技术数据内容框架。

第二节　2017年度项目开展情况

一、项目概况

2017 年度河北省文物保护单位数字化项目包括雄安新区及其周边区域文物建筑数字化技术信息采集项目和河北省石窟寺数字化试点项目两部分内容。

2017 年 4 月，中共中央、国务院决定设立河北雄安新区。为支持新区建设，根据河北省文物局的统筹安排，项目组制定了 2017 年度文物建筑数字化项目工作方案，即对雄安新区及其周边区域 53 处文物建筑实施数字化采集工作。

石窟寺及石刻类文物保护单位的数字化工作一直是数字化技术探索的前沿。石窟寺及石刻类文物保护单位的数据成果对精度要求较高，为探索相关技术，项目组选取邯郸市峰峰矿区北响堂石窟为试点，应用三维扫描技术完成相关技术数据的采集工作。

二、完成情况

雄安新区及其周边区域文物建筑数字化项目的主要工作是完成雄安新区及其周边区域文物建筑数字化信息采集任务。项目组共计完成 53 处文物保护单位的数字化信息采集工作，其中国保 14 处、省保 14 处、其他[①] 25 处；包括古遗址类 3 处、古墓葬类 1 处、古建筑类 40 处、石窟寺及石刻类 4 处、近现代重要史迹及代表性建筑类 5 处；完成的数据成果内容有照片 53 套、视频 28 套、VR 全景 49 套、摄影测量模型 32 套、三维扫描点云 1 套。

河北省石窟寺数字化试点项目完成北响堂石窟的数据成果有照片 1 套、VR 全景 1 套、视频 1 套、摄影测量模型 1 套、三维扫描点云 1 套（表 2-1；图 2-1、图 2-2）。

①本文不可移动文物级别中的“其他”，特指省级以下文物保护单位及文物点。

表2-1　2017年度采集对象情况表

类别 级别	古遗址	古墓葬	古建筑	石窟寺及石刻	近现代重要史迹及代表性建筑	合计
国保	1	0	13	1	0	15
省保	2	0	8	2	2	14
其他	0	1	19	2	3	25
合计	3	1	40	5	5	54

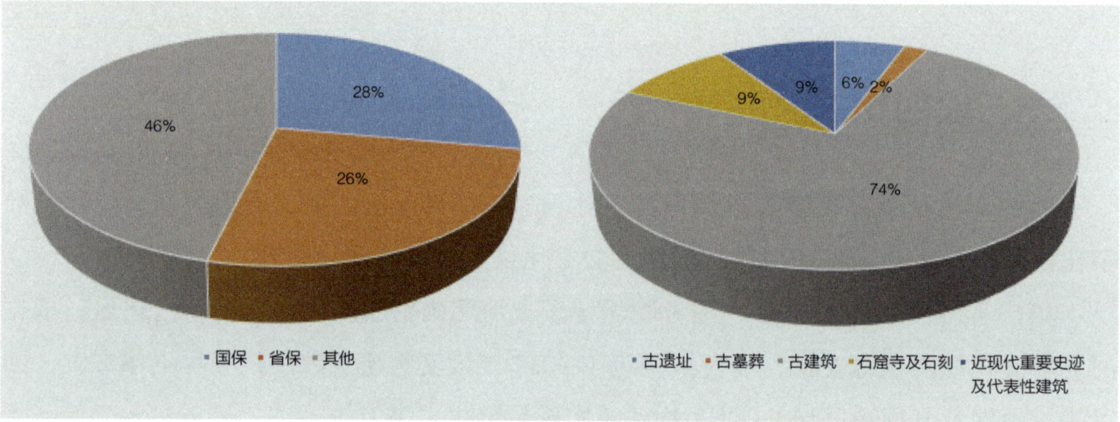

图2-1　2017年度采集对象统计图

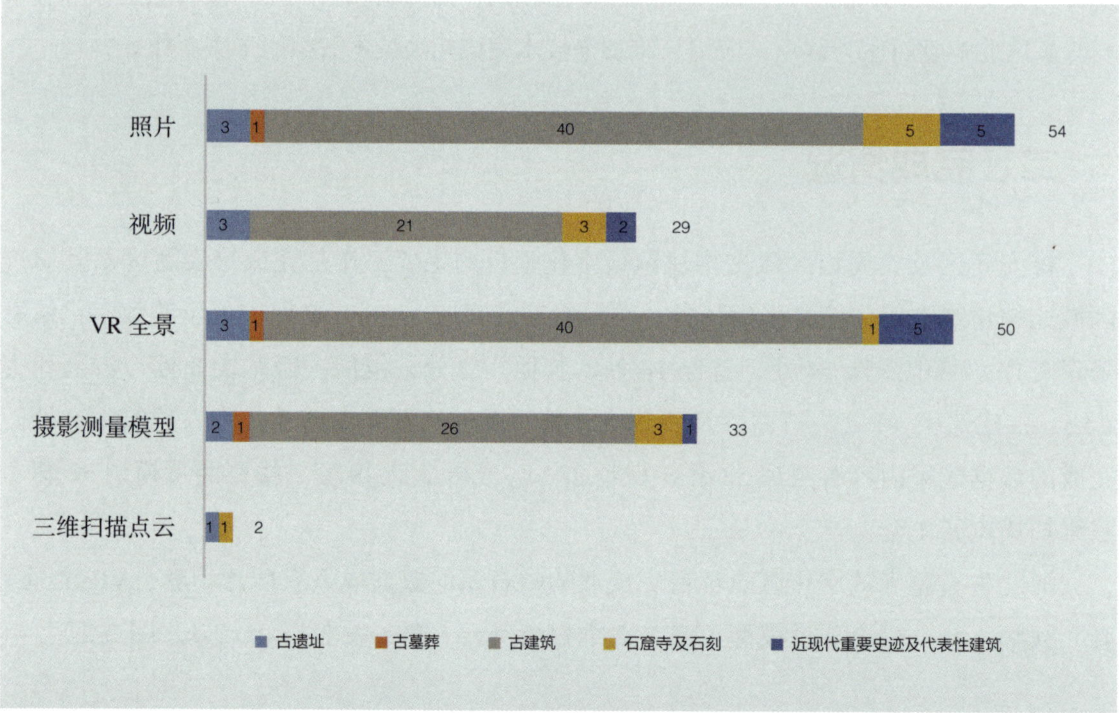

图2-2　2017年度数据成果统计图

三、进展小结

2017 年，河北省文物保护单位数字化工作在积极配合雄安新区建设的同时，也对数据内容框架、采集技术应用等方面进行了积极的探索。考虑到在大规模基础设施建设中文物保护条件的复杂性，雄安新区文物的预防性保护工作极其紧迫，项目组利用照片、视频、VR 全景、摄影测量建模等技术对实施对象进行了全面的精细化采集，数字化项目工作至此进入了统一标准下批量采集的新阶段。另外在实施过程中，在三维数据采集方式上，积极地使用了摄影测量建模技术，极大地降低了三维数据采集成本，使三维数据成果作为数据框架的常规内容成为可能。

石窟寺数字化试点项目旨在深入了解和掌握三维扫描技术的特性。项目组利用大区域三维激光扫描技术对北响堂石窟进行了整体点云数据采集；利用手持三维扫描技术对石窟中的小型造像进行了高精度数据采集。通过此次实践，项目组得出结论：三维扫描获得的数据精准、点云密度高；但大区域激光扫描难以生成模型，无法很好地展示文物的色彩、纹理；手持扫描虽然可以生成模型，还原色彩纹理，但要求近距离操作，不适用于大体量实施对象的数据采集；此外，三维扫描费用成本也比较高，应当根据项目经费、数据精度要求等情况合理选择使用。

第三节　2018年度项目开展情况

一、项目概况

2017 年 9 月，河北省文物局组织召开河北省文物保护单位数字化项目阶段论证会，与会专家对数字化项目提出了宝贵意见和建议。根据相关意见，项目组制定了《河北省文物保护单位数字化项目总体规划》（以下简称《规划》），《规划》明确了在 2018 ~ 2021 年逐步完成全省省级以上文物保护单位（不含世界文化遗产）数字化信息采集工作的总体任务目标。

根据《规划》要求，2018 年度河北省文物保护单位数字化项目工作内容为采集邢台市 44 处文物保护单位的数字化信息，以古建筑、石窟寺及石刻、近现代重要史迹及代表性建筑3个类别为主。项目实施前，河北省古建院组织业务人员对拟采集的每一处文物保护单位进行分析、评估，根据采集单位的类型、布局特点以及价值等情况制定详细的技术路线和实施方案。

二、完成情况

2018年度河北省文物保护单位数字化项目的主要工作是完成邢台市44处文物保护单位的数字化信息采集任务，项目组最终完成47处文物保护单位的数字化信息采集工作。其中国保11处、省保30处、其他6处；包括古墓葬类1处、古建筑类24处、石窟寺及石刻类13处、近现代重要史迹及代表性建筑类9处；完成的数据成果内容有照片47套、视频47套、VR全景28套、摄影测量模型42套、三维扫描点云4套（表2-2；图2-3、图2-4）。

三、进展小结

2018年河北省文物保护单位数字化工作依然采取“全部对象精细采集”的技术路

表2-2　2018年度采集对象情况表

类别 级别	古墓葬	古建筑	石窟寺及石刻	近现代重要史迹及代表性建筑	合计
国保	0	9	1	1	11
省保	0	14	9	7	30
其他	1	1	3	1	6
合计	1	24	13	9	47

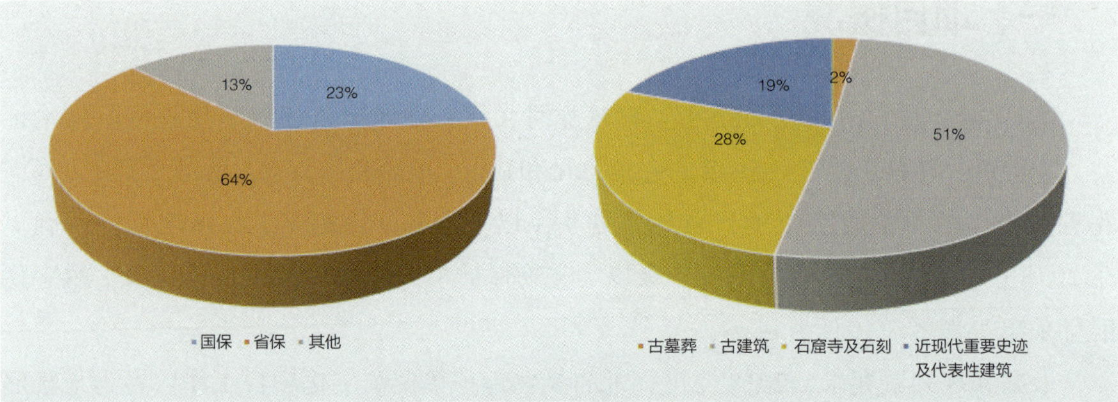

图2-3　2018年度采集对象统计图

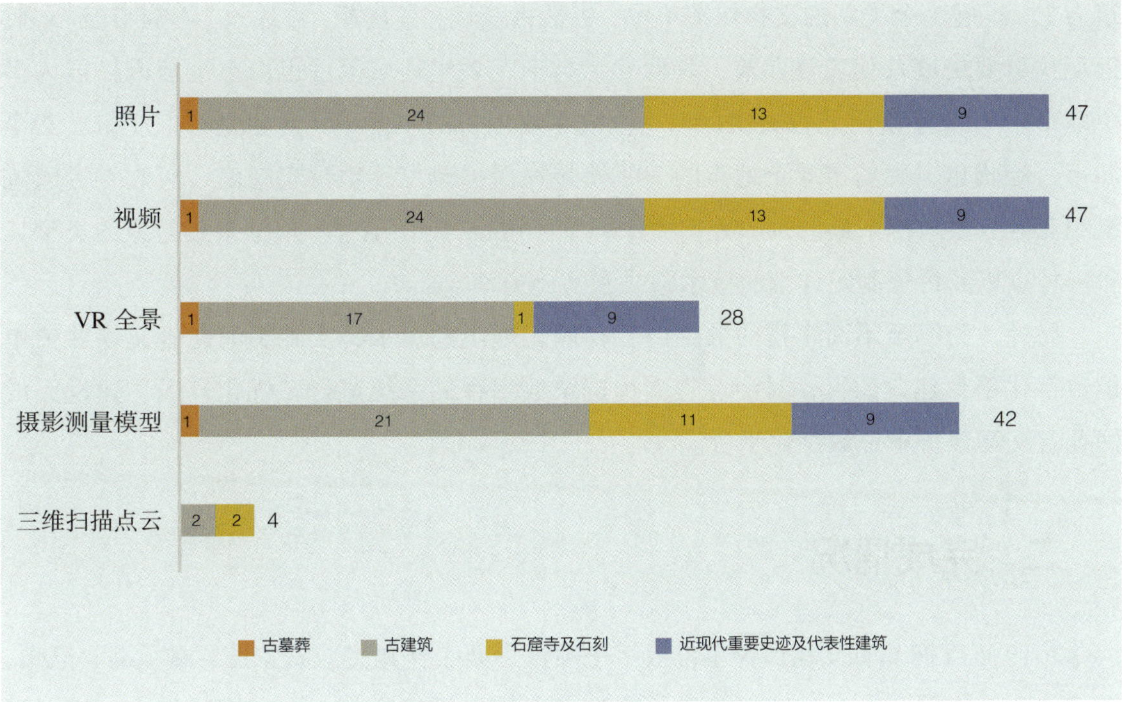

图 2-4　2018年度数据成果统计图

线，进一步实施 VR 全景和摄影测量建模的采集技术手段。本年度工作的创新之处是对采集对象增加了管理信息采集。管理信息主要包括文物保护单位的“四有”、“三防”、使用情况等，有助于了解文物管理状况，进一步提高当地文物管理水平。这项工作内容的增加，意味着河北省文物保护单位数字化项目的工作开始从单纯的现状记录、资料留存的保护性工作，扩展为保护、利用、管理相结合的综合性工作。

第四节　2019年度项目开展情况

一、项目概况

凭借实施经验的不断积累，2019 年度数字化项目按照《河北省文物保护单位数字化项目总体规划》相关计划要求对采集对象的类型和数量规模等进行了调整。

采集对象类型由之前以采集古建筑、石窟寺及石刻、近现代重要史迹及代表性建筑为主，扩展为全类别的文物保护单位，包括古遗址、古墓葬、古建筑、石窟寺及石刻、近现代重要史迹及代表性建筑、其他 6 个类别，采集地域范围也由单个地市扩展为多个地市。2019 年度河北省文物保护单位数字化项目的主要采集对象是石家庄市、秦皇岛市、沧州市、廊坊市 4 个地市的 192 处文物保护单位。项目实施前，河北省古建院组织业务人员对拟采集的每一处文物保护单位进行分析、评估，根据采集对象的类型、布局特点以及价值制定详细的技术路线和实施方案。

另外，为满足不断丰富的数据内容存储、展示的需求，实施了河北省文物保护单位数字化平台建设项目，对河北省文物建筑数字存储系统进行了优化升级，建设完成河北省文物保护单位数字化平台。

二、完成情况

2019 年度河北省文物保护单位数字化项目主要工作是完成石家庄、秦皇岛、沧州、廊坊 4 个地市的 192 处文物保护单位的数字化信息采集任务，在实施过程中，增加了部分省级以下文物保护单位数字信息采集的工作任务，最终项目组完成 196 处文物保护单位的数字化信息采集工作。其中石家庄市 144 处、秦皇岛市 34 处、沧州市 1 处、廊坊市 17 处；包括国保 50 处、省保 142 处、其他 4 处；包括古遗址类 35 处、古墓葬类 22 处、古建筑类 74 处、石窟寺及石刻类 18 处、近现代重要史迹及代表性建筑类 46 处，其他类 1 处；完成的数据成果内容有照片 196 套、视频 196 套、VR 全景 53 套、摄影测量模型 56 套、三维扫描点云 7 套（表 2-3；图 2-5、图 2-6）。

表2-3 2019年度采集对象情况表

类别	古遗址			古墓葬			古建筑			石窟寺及石刻			近现代重要史迹及代表性建筑			其他	合计
级别	国保	省保	其他	国保	省保	其他	国保	省保	其他	国保	省保	其他	国保	省保	其他	国保	
石家庄	8	17	0	2	15	0	21	34	0	4	8	0	3	32	0	0	144
秦皇岛	2	4	0	0	0	0	2	10	2	1	2	0	4	6	1	0	34
沧州	0	0	0	0	0	0	0	0	0	0	0	0	0	0	0	1	1
廊坊	1	4	0	0	5	0	1	4	0	0	1	1	0	0	0	0	17
合计	11	25	0	2	20	0	24	48	2	5	11	1	7	38	1	1	196

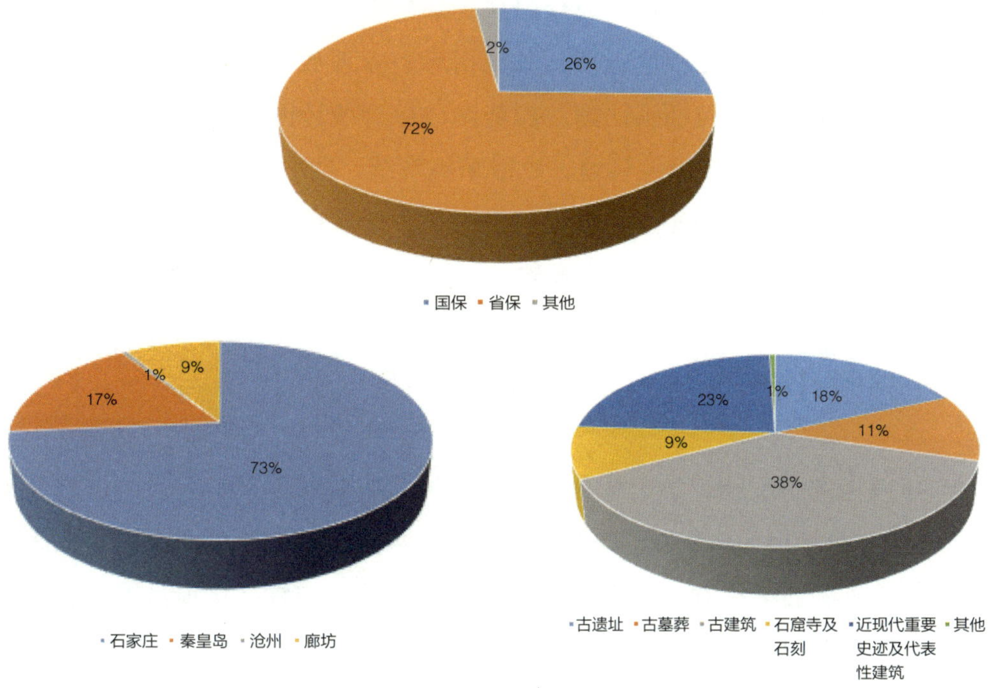

图2-5　2019年度采集对象统计图

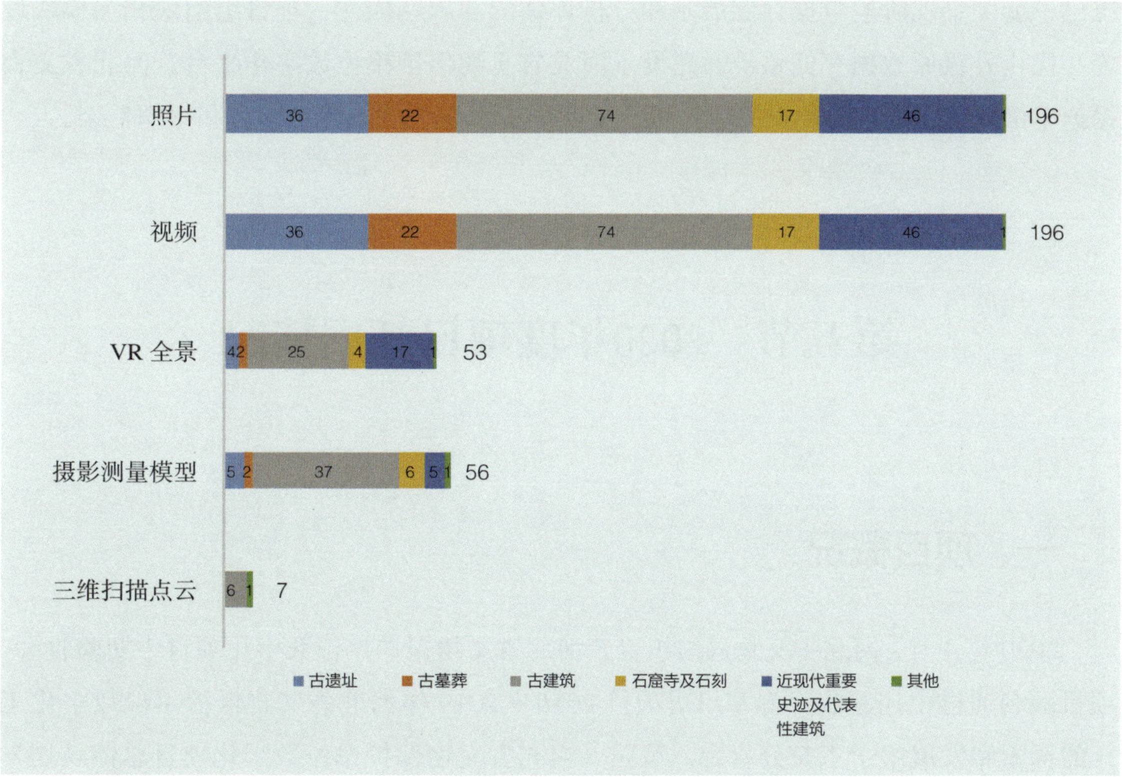

图2-6　2019年度数据成果统计图

优化升级河北省文物建筑数字存储系统，建设完成河北省文物保护单位数字化平台。平台由查询统计、后台管理、公众门户 3 部分组成。查询统计包括技术数据和统计分析 2 个模块。技术数据模块包括基础数据库、管理数据库、现状数据库、年度报告数据库。统计分析模块包括占比图、趋势图、综合统计图和访问统计图 4 种统计形式。后台管理分为文物保护单位管理、数据采集系统、档案管理系统、评估管理系统、通知管理中心、意见反馈中心、运营管理中心 7 个子系统。公众门户主要为公众提供文物保护单位现状信息的查询、浏览服务。

三、进展小结

2019 年度河北省文物保护单位数字化项目的采集对象再次扩大，由之前每年采集 1 个地区增至 3 个地区，3 个类型增至 6 个类型，数量增至 200 处左右。为提高项目经费使用效率、采集工作效率，2019 年河北省文物保护单位数字化项目组对每一处文物保护单位的重要性和形态特点等进行了分析评估，针对不同类型的文物保护单位运用不同的技术手段进行采集，有选择地运用 VR 全景、摄影测量建模等技术对适合的对象进行采集。

随着大量新类型数据内容的不断增加，2016 年建立的河北省文物建筑数字存储系统已不能满足现阶段数据存储展示和分析评估的需求。因此，项目组增添相关模块设置，优化升级原数据存储系统，建设了河北省文物保护单位数字化平台。河北省文物保护单位数字化平台的建设完成，进一步明确了采集对象的数据内容和组织框架。

第五节　2020年度项目开展情况

一、项目概况

2020 年 4 月，河北省文物局组织召开河北省文物保护单位数字化项目中期验收会，项目顺利通过中期验收，专家组对项目 2016 ~ 2019 年河北省文物保护单位数字化工作的探索和发展给予了充分肯定。按照《河北省文物保护单位数字化项目总体规划》的实施计划，2020 年数字化项目继续稳步推进，逐步进入成熟阶段。

2020年度河北省文物保护单位数字化项目的主要工作是完成唐山市、邯郸市、邢台市、沧州市、衡水市5个地市的328处文物保护单位的数字化信息采集任务；另外，将2019年采集的石家庄地区的数字化成果进行整理、编辑，出版《石家庄市文物保护单位概览》一书，以文字结合图片、展示视频等技术数据，全面翔实地介绍石家庄市省级以上文物保护单位的现状情况，展示数字化项目阶段性数据成果。

二、完成情况

2020年河北省文物保护单位数字化项目的主要工作是完成唐山市、邯郸市、邢台市、沧州市、衡水市5个地市328处文物保护单位数字化信息采集，在实施过程中，增加了部分省级以下文物保护单位的数字化信息采集工作，最终项目组完成340处文物保护单位的数字化信息采集工作。其中唐山市59处、邯郸市146处、邢台市41处、沧州市48处、衡水市46处；包括国保85处、省保239处、其他16处；包括古遗址类96处、古墓葬类77处、古建筑类84处、石窟寺及石刻类37处、近现代重要史迹及代表性建筑类45处、其他类1处；完成的数据成果内容有照片340套、视频335套、VR全景103套、摄影测量模型52套、三维扫描点云7套（表2-4；图2-7、图2-8）。

编辑出版《石家庄市文物保护单位概览》一书，运用相关数字成果，详细介绍并展示了石家庄市146处省级以上文物保护单位的现状情况。

三、进展小结

2020年度河北省文物保护单位数字化项目的数据采集工作，随着实践经验的不断

表2-4　2020年度采集对象情况表

类别	古遗址			古墓葬			古建筑			石窟寺及石刻			近现代重要史迹及代表性建筑			其他	合计
级别	国保	省保	其他	国保	省保	其他	国保	省保	其他	国保	省保	其他	国保	省保	其他	国保	
唐山	5	21	0	0	3	0	4	9	0	0	3	1	5	8	0	0	59
邯郸	10	21	0	4	15	0	13	33	2	7	21	0	5	13	2	0	146
邢台	8	12	0	2	18	0	0	1	0	0	0	0	0	0	0	0	41
沧州	5	6	0	2	13	0	3	7	0	0	3	0	2	5	1	1	48
衡水	1	4	3	3	15	2	5	5	2	0	2	0	0	1	3	0	46
合计	29	64	3	11	64	2	25	55	4	7	29	1	12	27	6	1	340

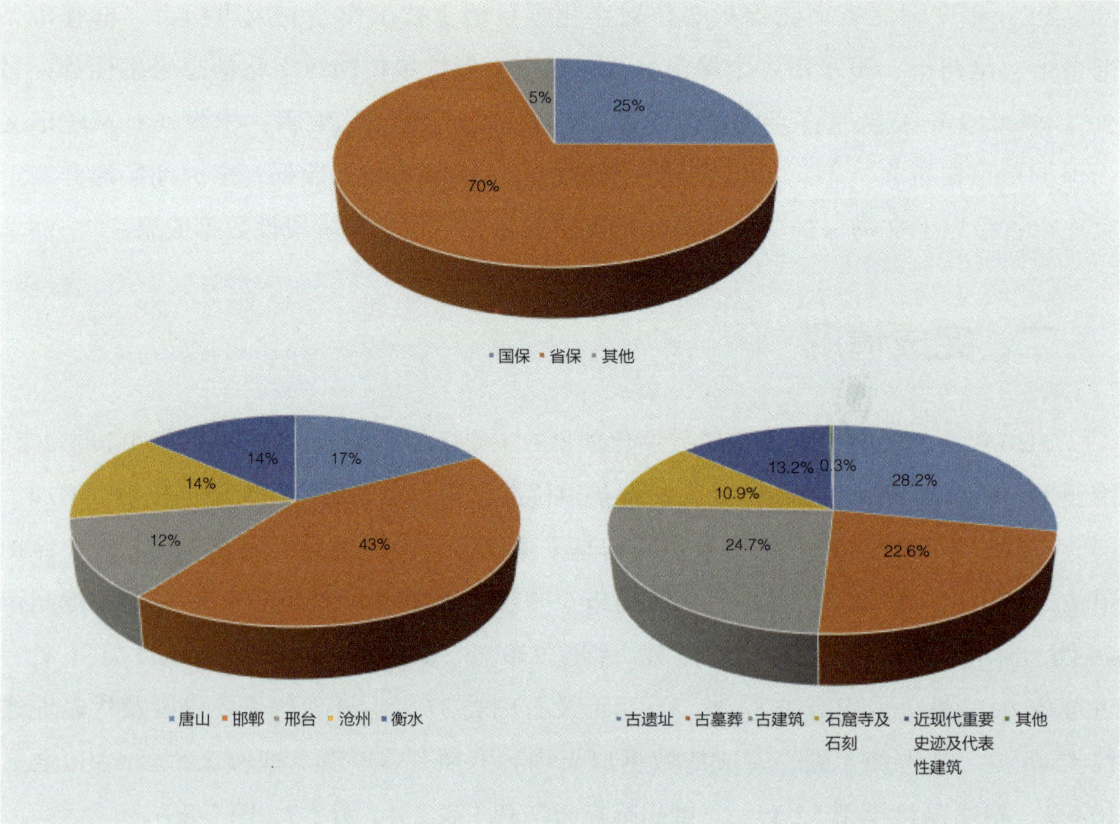

图2-7 2020年度采集对象统计图

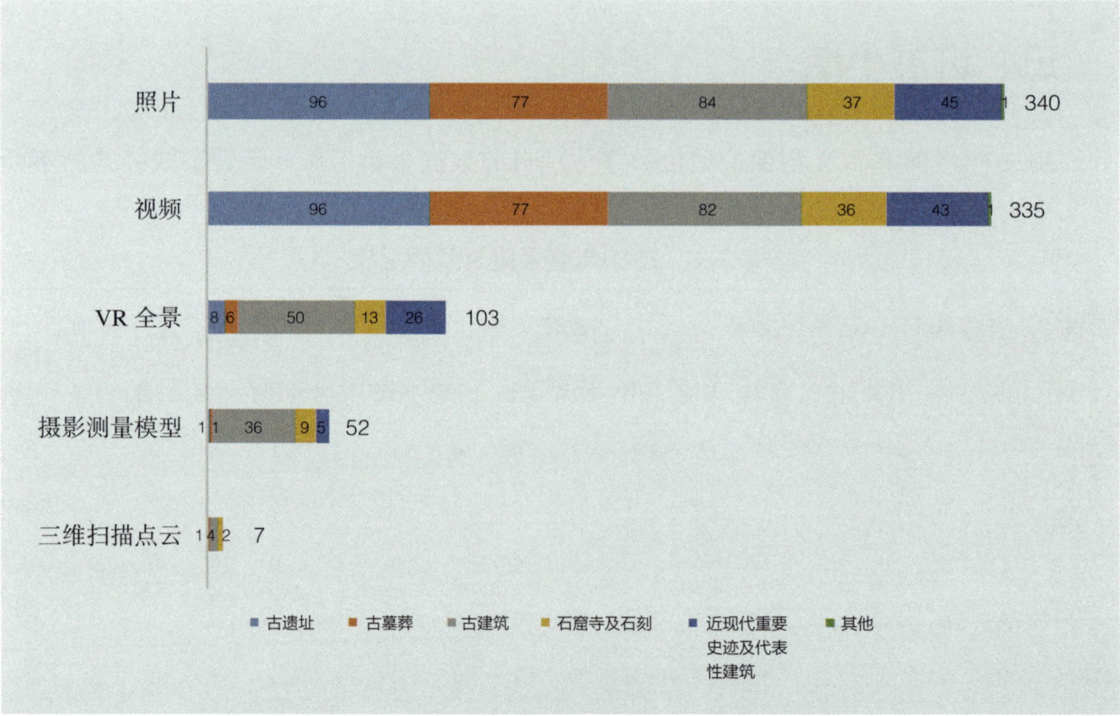

图2-8 2020年度数据成果统计图

丰富，工作效率进一步提高，与上一年度相比，完成数字化采集的文物保护单位数量再次增加，总量超过 300 处。

《石家庄市文物保护单位概览》的出版是河北省文物保护单位数字化项目成果首次对公众展示，是项目组在资料数据运用形式的探索中迈出的重要一步。运用数字化成果，实现文字、图片、视频三位一体地叙写文物历史、展现文物风貌，是该书的最大特色。结合现场调查和记录档案资料，项目组整理出翔实准确的文字描述，形成该书的文字部分。该书配图全部选用数字化项目拍摄的高清图片及相关制作成果，包括航拍照片、正射影像图等，对文物保护单位的整体和重要细节进行形象展示。鉴于传统纸质图文信息承载能力有限，难以展示丰富的数字化工作成果，项目组将更多成果制作成视频，读者可以扫描书中二维码进行观看，进一步全面了解文物保护单位。该书的编辑出版是文物保护单位数字化信息展示的一次重要探索与尝试。

第六节　2021年度项目开展情况

一、项目概况

2021 年是河北省文物保护单位数字化项目的最后一年，本年度项目的主要内容是完成保定市（含定州市）、张家口市、承德市 3 个地市 346 处文物保护单位的数字化信息采集任务。在项目实施前期，河北省古建院组织业务人员对拟采集的每一处文物保护单位进行分析、评估，根据采集对象的类型、布局特点以及价值等情况制定详细的技术路线和实施方案。

二、完成情况

2021 年度河北省文物保护单位数字化项目的主要工作是完成保定市（含定州市）、张家口市、承德市 3 个地市的 346 处文物保护单位的数字化信息采集任务，在实施过程中，增加了部分省级以下文物保护单位的数字化信息采集工作任务，最终项目组完成 348 处文物保护单位的数字化信息采集工作。其中保定市（含定州市）131 处、张家口市 142 处、承德市 75 处；包括国保 111 处、省保 234 处、其他 3 处；包括古遗址类 114 处、古墓葬类 42 处、古建筑类 126 处、石窟寺及石刻类 20 处、近现代重要史迹及代表性建筑类 46 处；完成的数据成果内容有照片 348 套、视频 347 套、VR 全景 142 套、摄影测量模型 75 套、三维扫描点云 4 套（表 2-5；图 2-9、图 2-10）。

表2-5　2021年度采集对象情况表

类别	古遗址			古墓葬			古建筑			石窟寺及石刻			近现代重要史迹及代表性建筑			合计
级别	国保	省保	其他	国保	省保	其他	国保	省保	其他	国保	省保	其他	国保	省保	其他	
保定（含定州市）	10	29	0	7	20	0	27	12	0	2	7	0	7	10	0	131
张家口	12	25	0	3	8	0	28	45	0	0	6	0	3	12	0	142
承德	7	29	2	1	3	0	3	11	0	1	4	0	0	13	1	75
合计	29	83	2	11	31	0	58	68	0	3	17	0	10	35	1	348

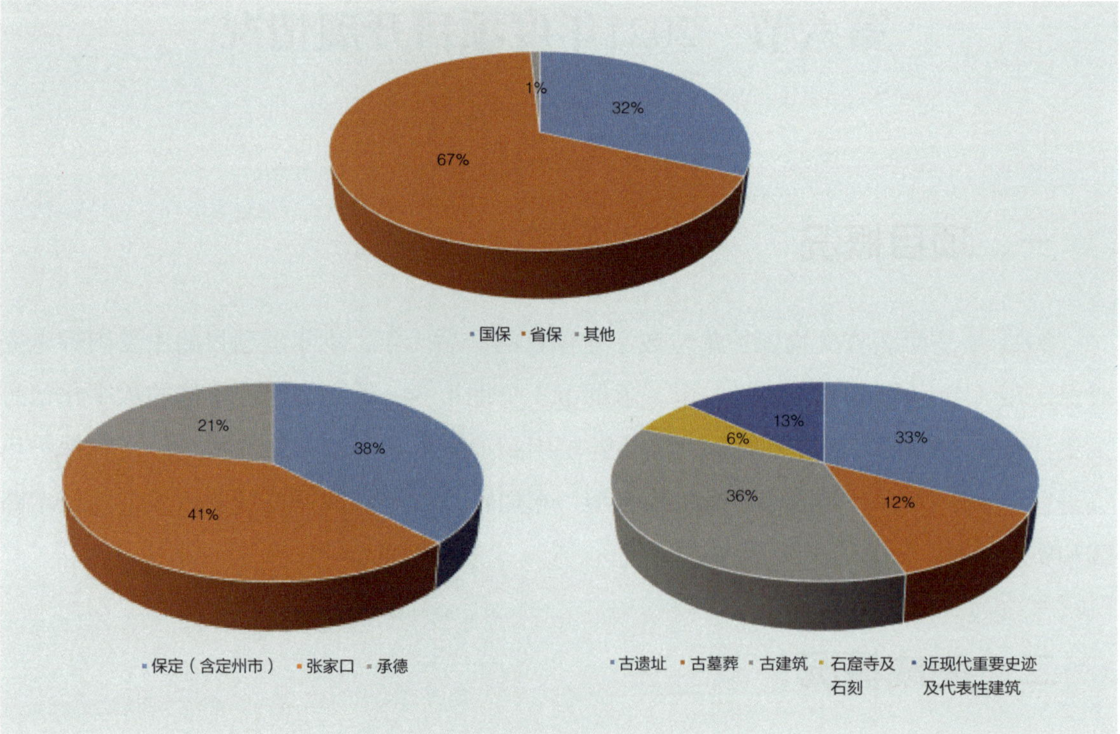

图2-9　2021年度采集对象统计图

三、进展小结

2021 年是河北省文物保护单位数字化项目的收官之年，项目组按照《河北省文物

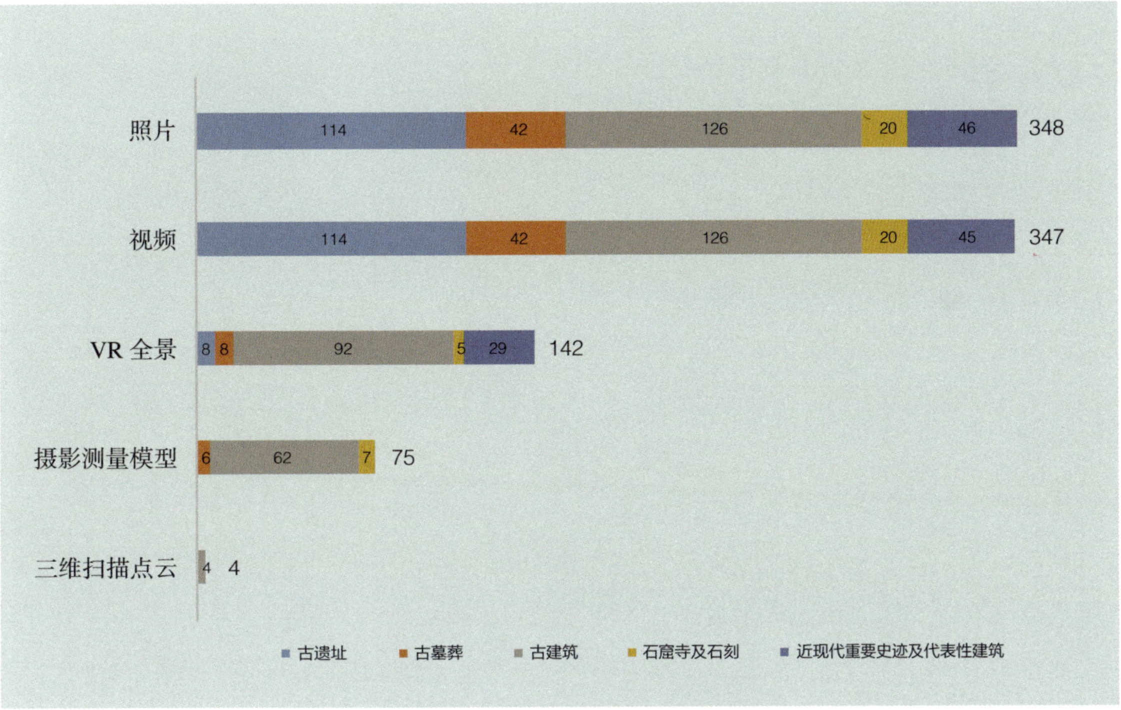

图2-10 2021年度数据成果统计图

保护单位数字化项目总体规划》要求，采集完成保定市（含定州市）、张家口市、承德市 348 处文物保护单位的数字化信息，并对历年数据进行了查漏补缺。保定市、张家口市、承德市是河北省的文物大市，不仅文物保护单位数量多，而且文物保护单位的体量和规模较大，从年度工作任务来讲，2021 年度项目工作是项目开展以来任务最重的一年，也是最为关键的一年。根据工作任务需求，项目组增加了采集队伍数量、提高了后台数据处理能力，以坚决不减质不减量的工作态度，圆满地完成了年度既定任务。随着 2021 年度数字化项目的完成，从 2016 年到 2021 年为期六年的河北省省级以上文物保护单位（不含世界文化遗产）数字化信息采集的总体任务告竣。

第三章

采集内容及技术实施

第一节 基础数据

一、采集内容

基础数据是指与文物保护单位相关的基础文档类资料，包括记录档案、工程资料、研究文献等。

（一）记录档案

记录档案是文物“四有”工作的重要内容，在基础数据采集工作中具有突出意义。《全国重点文物保护单位记录档案工作规范（试行）》规定：“记录档案包括对全国重点文物保护单位本身的记录和有关文献史料。内容分为科学技术资料和行政管理文件。形式有文字、图纸、照片、拓片、摹本、电子文件等。记录档案必须科学、准确、翔实。”河北省文物保护单位数字化项目采集的记录档案主要包括全国重点文物保护单位记录档案、河北省省级文物保护单位记录档案、第三次全国文物普查不可移动文物登记表、文物保护单位申报材料等（图 3-1、图 3-2）。

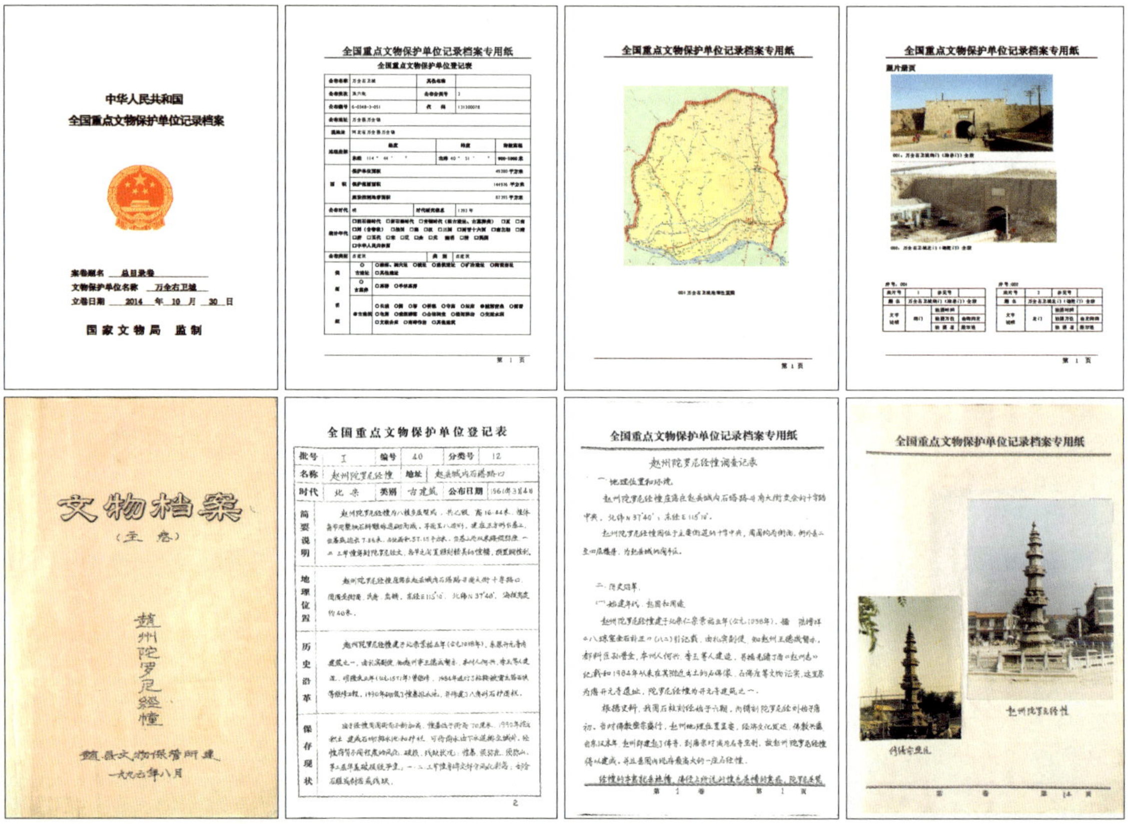

图3-1 记录档案

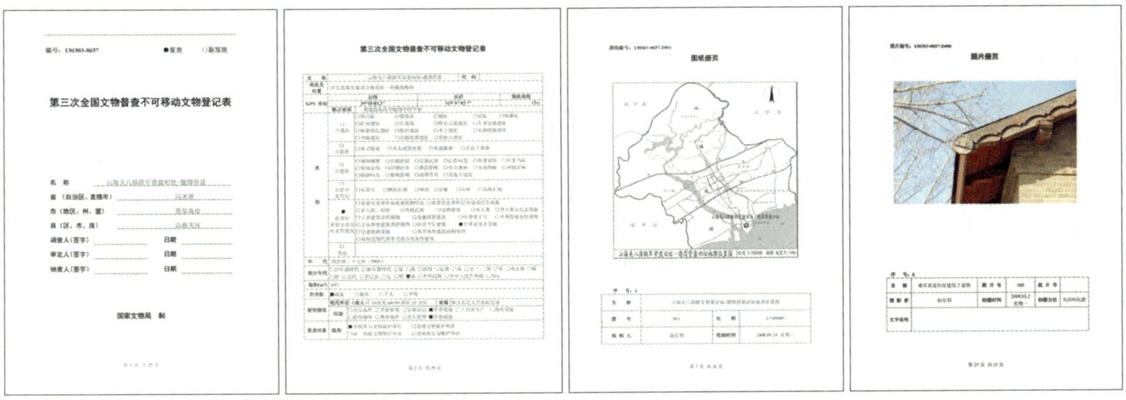

图3-2　第三次全国文物普查不可移动文物登记表

（二）工程资料

工程资料是文物保护单位历次保护工程的重要记录，也是实施保护工程的重要参考。随着国家对各项文物事业加大资金投入，各类文物保护修缮工程项目陆续展开，形成的工程资料也越来越多，工程资料数字化管理已成为加强文物保护工程档案科学化、规范化、制度化管理的一种重要技术手段。本次项目数字化采集整理的工程资料主要包括与文物保护单位相关的设计资料、规划资料、施工资料、考古资料等（图 3-3）。

图3-3　工程资料

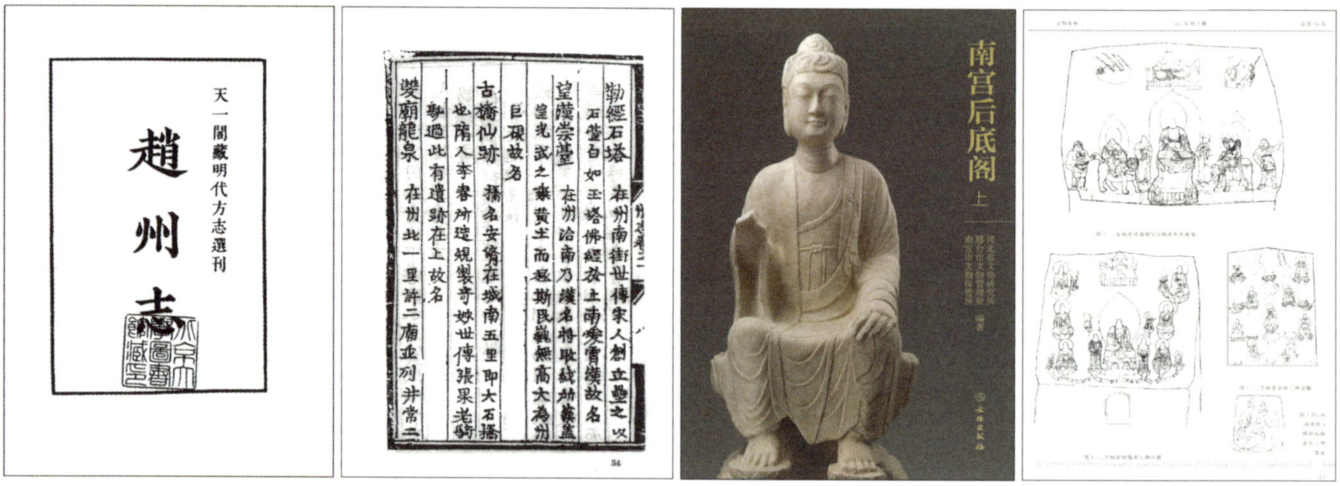

图3-4 研究文献

（三）研究文献

研究文献是公开出版或发表的与文物保护单位相关的记录与研究资料，反映了文物更深层次的文化价值。畿辅通志、各府府志、各县县志等各类古籍方志是记载各地历史和文化遗存的重要传世文献；研究者根据文献和遗存实物写作的相关研究著作和论文具有重要的学术意义。本次数字化项目采集的研究文献主要包括古籍方志、著作、论文等（图 3-4）。

二、技术实施

（一）资料搜集

河北省文物保护单位数字化项目的基础资料数据来源主要为市县级文物管理部门保存的资料、河北省古建院保存的资料等原有存档资料，以及项目组新搜集整理的资料。

1. 市县级文物管理部门存档的资料

市县级文物管理部门提供的文物保护单位的相关基础资料主要为文物保护单位的记录档案（图 3-5）。

2. 河北省古建院保存的资料

河北省古建院保存的基础资料主要为河北省文物保护单位的工程资料（图 3-6）。

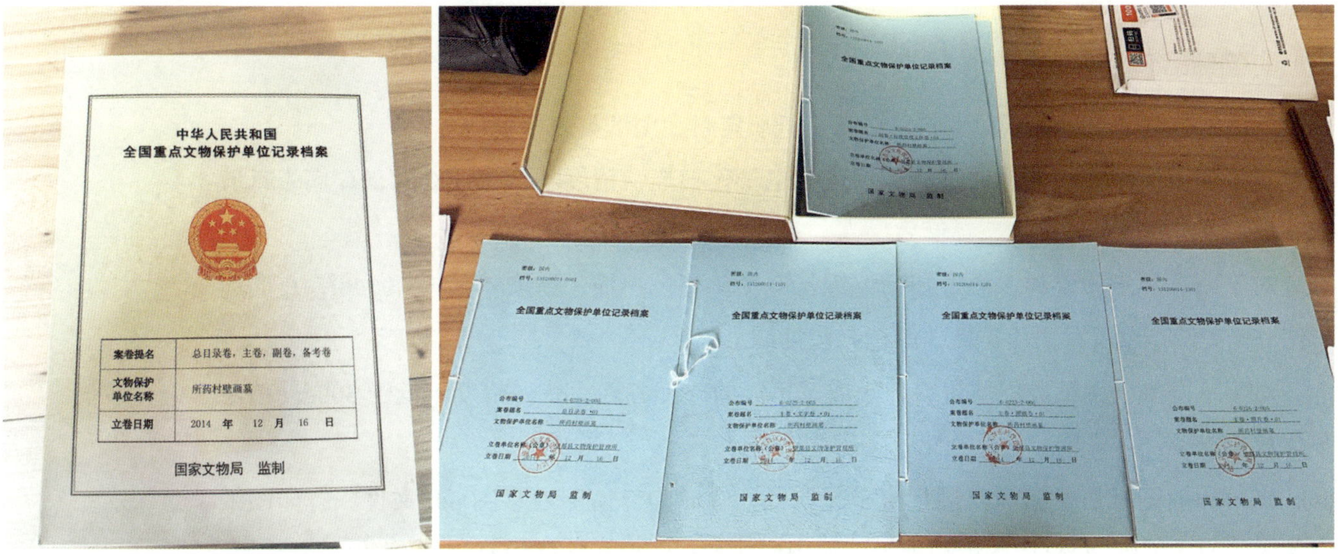

图3-5　文物管理部门存档的资料

图3-6　河北省文物与古建筑保护研究院资料室存档的资料

3. 数字化项目组新搜集整理的资料

项目组通过借阅、购买等方式，搜集整理了与河北省文物保护单位相关的研究文献类资料。

（二）电子化整理

在项目前期搜集整理的基础资料，主要有纸质资料和电子资料两种形式。针对不同形式的资料，项目组通过不同的整理方式，对其进行全面、科学、高效的电子化归档。

1. 纸质资料

纸质资料分为文字类纸质资料、图片类纸质资料和图纸类纸质资料等。

对于文字类纸质资料，通过扫描仪进行电子化扫描，精度不低于300dpi，存储为二值图pdf文件。二值图体积小，存储效率高，且方便阅读。

对于图片类纸质资料，通过扫描仪进行电子化彩色扫描，精度不低于300dpi，存储为彩图pdf文件，以留存图片类文档的色彩数据信息。

对于不同类型图纸类纸质资料，采取了不同的整理方式，获得精度不低于300dpi的电子化数据成果：

将打印的图纸通过扫描仪进行电子化扫描，存储为二值图或彩图pdf文件。打印图纸线条色彩对比清晰，将打印图纸扫描为二值图形式和彩图形式均比较易于阅读，但各有优点。二值图数据量小，节省存储空间；彩图则能最大程度地保留图纸章等色彩数据信息。在实际的实施过程中，可根据文件性质和需求灵活选择数据格式。

将蓝图通过扫描仪进行电子化扫描，存储为彩图pdf文件，或二值图pdf文件。蓝图线框颜色与底色相近，且放置时间较长，褪色严重，清晰度降低，阅读较为困难。彩图扫描能够最大限度地记录图纸现状，不需二次加工处理，但数据量较大，占用存储空间较大，颜色对比不明显，线条不突出；二值图需要二次加工处理，根据不同情况调整阈值以提高信噪比，虽不能完全记录存储图纸信息，但数据占用存储空间较小，颜色对比明显，线条突出，便于阅读。在实际的实施过程中，可根据文件性质和需求灵活选择数据格式。

手工绘制的硫酸图纸需先将成卷的纸张进行物理回软，再进行电子化扫描，存储为彩图或二值图pdf文件。硫酸图纸一般成卷保存，不可折叠，长时间放置后，纸卷不易摊平，无法顺利完成电子化扫描，所以必须在电子化扫描前将图纸进行回软处理。项目组使用物理方式将图纸进行回软，对图纸伤害小，回软后的纸张容易摊平，便于完成电子化扫描工作（图3-7）。

2. 电子资料

电子资料一般存储于移动硬盘、U盘、光盘等介质，其本身就是电子化的数据资料，不需扫描转化，但相较于成本、成册的纸质资料，其存储内容相对零散，需要整理后再做归档。根据具体情况，将不同格式的电子文件（包括doc、dwg、psd等）进行整理、合并，最终统一存储为pdf格式文件。

电子记录档案整理。电子记录档案分为主卷、副卷、备考卷。主卷包括：文字、图纸、照片、拓片及摹本、保护规划及保护工程方案、文物调查及考古发掘资料、文物保护工程及防治监测、文物展示、电子文件、续补等十种案卷。副卷包括：行政管理文件、法律文书、

图3-7　爱普生SC-T5405DM图纸扫描仪

大事记、续补等四种案卷。备考卷包括：参考资料、论文、图书、续补等四种案卷。每种案卷一般存档于同一文件夹内，以内容分为数个至数十个doc格式文件。项目组在整理案卷时，首先保存原有案卷文件，然后再进行整理，按照案卷分类分别建立文件夹，并按照文件顺序归类合并，最终统一整合成一份pdf格式文件，以便查阅。

电子工程资料整理。电子工程资料通常包括文字、图纸、照片等，文件格式包括doc、dwg、psd等。在保存原有电子文件的同时，将电子资料按目录顺序进行整理合并，以工程项目为单位整合成一份pdf格式文件。

电子研究文献资料整理。将搜集到的研究文献资料进行整理，包括将caj、doc等格式的文件转为pdf格式文件。

三、数据意义

留存、共享基础数据信息。基础资料尤其是记录档案资料多为纸质，保存难、备份少、传播效率低。对纸质资料进行数字化整理、制作，可以使纸张承载的信息不再因载体自身的损坏而丢失。可大量备份的电子数据一方面降低了数据丢失的风险，另一方面使得过去只有少数人能阅读的资料能被更多人共享。

指导现场数据采集工作。基础资料是制定文物保护单位现状信息数据采集技术路线和方案的重要参考依据，搜集、整理、查阅基础资料是现状信息数据采集工作的重要前期准备。例如，通过查阅基础资料，可确定采集对象的保护区划情况，进而初步确定采集大区域正射影像图数据的航测方案；通过基础资料了解采集对象的基本情况，以明确重要文物构成的数据采集技术路线。

第二节 管理数据

一、采集内容

（一）“四有”情况

《中华人民共和国文物保护法》第十五条规定：各级文物保护单位，分别由省、自治区、直辖市人民政府和市、县级人民政府划定必要的保护范围，作出标志说明，建立记录档案，并区别情况分别设置专门机构或者专人负责管理。项目组对各文物保护单位的记录档案、保护区划、保护标志和管理机构等信息进行了采集、评估。

1. 记录档案

《全国重点文物保护单位保护范围、标志说明、记录档案和保管机构工作规范（试行）》规定：记录档案包括对文物保护单位本身的记录和有关文献史料，分为主卷、副卷和备考卷。主卷以记录保护管理工作和科学资料为主。副卷收载有关行政管理文件及日常工作情况。备考卷收载与该文物保护单位有关、可供参考的资料。各卷记录档案应不断充实，力求做到系统、完整。

关于记录档案的采集工作情况在基础数据章节中已有详述，此略。

2. 保护区划

《全国重点文物保护单位保护范围、标志说明、记录档案和保管机构工作规范（试行）》规定：保护范围是对文物保护单位本体及周围一定范围实施重点保护的区域。在保护范围内不得在地面、地下及空中从事危害文物保护单位安全的活动。建设控制地带是指保护范围外需要保护环境风貌及对建设项目加以限制的区域。建设控制地带根据保护对象的格局、安全、环境和景观的需要合理划定。建设控制地带内不得安排直接或间接从空中或地下对文物构成危害和破坏文物保护单位环境风貌的建设项目。

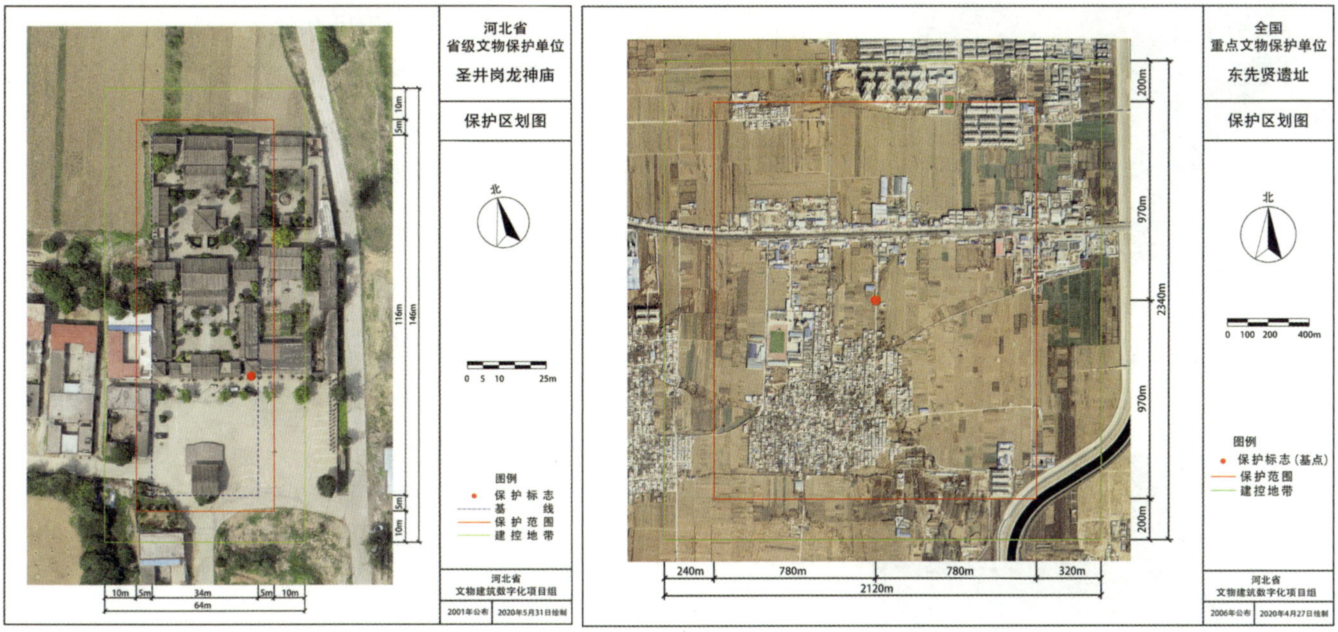

图3-8　保护区划图

文物保护单位的保护区划情况多以文字结合线画示意图的形式进行描述表达。本次项目通过采集制作大区域俯视正射影像图，根据公布的保护区划范围，重新制作了保护区划图，进一步提高了保护区划图的准确性和直观性，并对保护区划的合理性进行了分析评估（图3-8）。

3. 保护标志

《全国重点文物保护单位保护范围、标志说明、记录档案和保管机构工作规范（试行）》规定：保护标志须标示该文物保护单位的级别、名称、公布机关、公布日期、树标机关以及树立日期等。树标机关为省、自治区、直辖市人民政府。标志形式采用横匾式，自左至右书写。标志牌比例为横三竖二。标志牌最小为60×40厘米，最大为150×100厘米，可根据文物保护单位的具体情况选择比例适宜的尺度。除文物保护单位的名称可用仿宋字体或楷书、隶书等外，其余一律用仿宋字体。保护标志应采用石材等坚固耐久材料，颜色要庄重朴素、显明协调。

项目组对各文物保护单位的保护标志进行了调查，拍照记录，并根据相关规范要求进行了评估（图3-9）。

4. 管理机构

《全国重点文物保护单位保护范围、标志说明、记录档案和保管机构工作规范（试行）》

图3-9 保护标志

规定：文物保护单位必须区别情况分别设置专门的保护管理机构，或设专人管理，负责文物保护管理工作。文物保护单位的专门管理机构，如文物保护管理所（处）等是国家对该文物保护单位直接实施保护管理的事业机构。负责该项文物保护单位的调查征集、保护管理、维护修缮、藏品保管、宣传陈列和科学研究等工作，并可根据不同情况建立多种形式的群众性保护组织。

项目组对各文物保护单位的管理机构进行了调查记录，记录内容包括管理机构名称、管理机构负责人、联系电话、邮箱、日常管理人员、管理人员电话、管理方式等（表3-1）。

（二）“三防”情况

为加强文物保护单位的安全工作，国家出台了《博物馆和文物保护单位安全防范系统要求》（GB/T16571-2012）、《文物建筑防雷技术规范》（QX189-2013）、《文物建筑防火设计导则（试行）》等一系列标准规范。项目组对各文物保护单位的监控设施、避雷设施、消防设施和用电设施进行了调查，以照片的形式记录，并根据相关规范、标准进行评估。

1. 监控设施

《博物馆和文物保护单位安全防范系统要求》（GB/T16571-2012）规定：利用各种电子信息设备组成系统以提高探测、延迟、反应能力和防护功能的安全防范手段为技术防范。视频安防监控属于技术防范的重要内容，要求利用视频技术探测、监视设防区域并实时显示、记录现场图像。

表3-1 管理机构信息采集表

文物保护单位	管理机构名称	管理机构负责人	联系电话
灵寿石牌坊	灵寿县文物管理所	孙**	150****1846
邮箱	**日常管理人员**	**管理人员电话**	**管理方式**
*******@126.com	齐**、付**	136****4449	巡查

项目组对各文物保护单位的监控设施设置情况进行了调查，拍照记录，并根据《博物馆和文物保护单位安全防范系统要求》（GB/T16571-2012）等规定对监控设施进行了评估（图 3-10）。

图3-10　监控设施

2. 避雷设施

《文物建筑防雷技术规范》（QX189-2013）规定：防雷装置用于减少闪击击于建（构）筑物上或建（构）筑物附近造成的物质性损害和人身伤亡，由接闪器、引下线、接地装置等构成。接闪器由拦截闪击的接闪杆、接闪带、接闪线、接闪网以及金属屋面、金属构件等组成；引下线是用于将雷电流从接闪器传导至接地装置的导体；接地装置是接地体和接地线的总合，用于传导雷电流并将其散入大地。

项目组对各文物保护单位的避雷设施设置情况进行了调查，拍照记录，并根据《文物建筑防雷技术规范》（QX189-2013）的规定对避雷设施进行了评估（图 3-11）。

图3-11　避雷设施

3. 消防设施

《文物建筑防火设计导则（试行）》规定：消防设施包括消防给水系统、消防灭火设施、自动报警系统等。消防给水系统的消防水源可由给水管网、天然水源或消防水池供给；消防灭火设施包括自动喷淋系统、移动水喷雾灭火装置、消防水炮、气体灭火系统、建筑灭火器等；自动报警系统包括报警控制器、火灾探测器、手动报警、消防广播、火灾声光报警器等。

项目组对各文物保护单位的消防设施设置情况进行了调查，拍照记录，并根据《文物建筑防火设计导则（试行）》等相关规定对消防设施进行了评估（图 3-12）。

图3-12 消防设施

图3-13 用电设施

4. 用电设施

《文物建筑防火设计导则（试行）》规定：文物建筑内应严格用电管理。文物建筑内部，除展示照明和监测报警等用电外，不宜进行其他用电行为。文物建筑内现有的配电设备、线路、保护电器等，当选型和安装不满足防火要求时，应进行改造设计。

项目组对各文物保护单位的用电设施设置情况进行了调查，拍照记录，并根据《文物建筑防火设计导则（试行）》的规定对用电设施进行评估（图3-13）。

（三）使用情况

2016年10月，国家文物局印发《关于促进文物合理利用的若干意见》，提出文物利用的三点原则：坚持把社会效益放在首位，注重发挥文物的公共文化服务和社会教育功能，传承弘扬中华优秀文化，秉持科学精神，遵守社会公德；坚持依法合规，严格遵守文物保护等法律法规，注重规范要求，切实加强监管；坚持合理适度，文物利用必须以确保文物安全为前提，不得破坏文物、损害文物、影响文物环境风貌，文物利用必须控制在文物资源可承载的范围内，避免过度开发。

项目组对各文物保护单位的所有权、使用单位和使用方式进行了调查统计，初步掌握了项目实施对象的使用利用情况（表 3-2；图 3-14）。

1. 所有权

分为国家所有、集体所有、个人所有和其他四种情况。

2. 使用单位/人

包括使用单位、负责人、联系电话等调查内容。

3. 使用方式

分为办公场所、开放参观、宗教活动、军事设施、工农业生产、商业用途、居住场所、教育场所、无人使用、其他用途十种情况。

表3-2　使用情况信息采集表

文物保护单位	所有权	使用单位	负责人	电话	使用方式
沧州文庙	国家	沧州文庙管理中心	李*	156****6888	开放参观

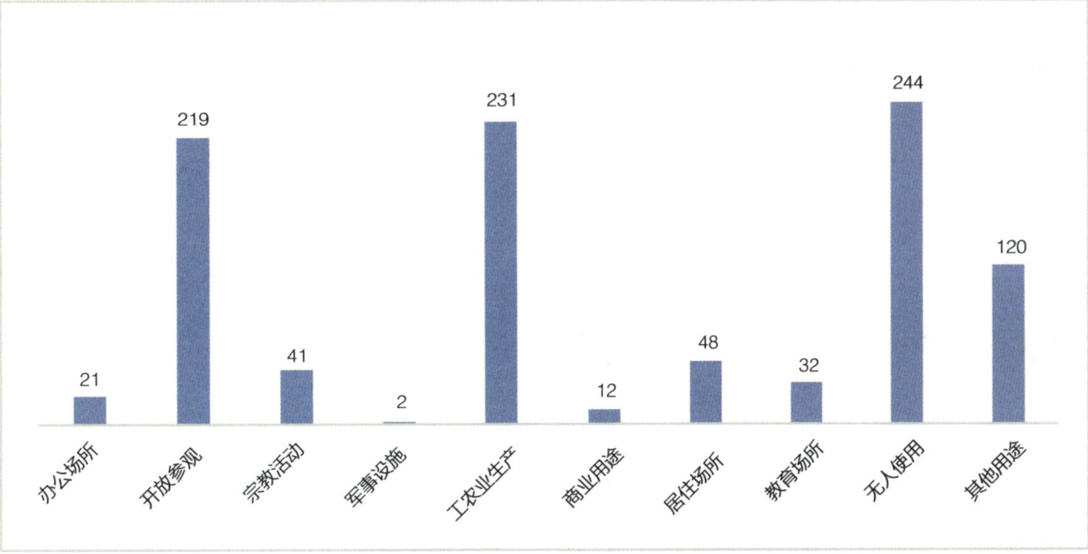

图3-14　河北省省级以上文物保护单位使用情况统计图

二、技术实施

（一）管理信息采集表填写

管理信息采集表是全面记录每处文物保护单位管理信息的表格，由当地文物管理部门与数字化项目组共同填写，是管理信息调查形成的最终成果资料。管理信息采集表主要包括基本信息、“四有”信息、“三防”信息三个部分（图 3-15；表 3-3）。

1. 基本信息

文物保护单位名称、类型、公布时代、级别、详细地址：根据文物保护单位公布信息填写。

位置信息：使用 RTK 现场测点记录填写。测点位置通常选取保护标志、主体建筑前方、封土中心、城址角落等特征明显的空旷位置，既要保证测点位置明确，又要保证设备搜星数量充足，以提高数据精度。经纬度以“度分秒”形式记录，保留小数点后 5 位；海拔单位为米，保留小数点后 4 位。

文物构成：结合文物保护单位记录档案信息进行现场调查、填写，包括文物本体、附属文物、其他等内容。

使用情况：根据现场调查的实际情况填写，包括所有权、使用单位、负责人、联系电话等内容。

2. “四有”信息

管理机构：由当地文物管理部门填写，包括管理机构名称、单位负责人、日常看管员、管理方式等内容。

保护区划：根据公布材料、保护规划及记录档案填写，包括保护区划的划定时间、保护范围、建设控制地带等内容。

保护标志：根据现场调查的实际情况填写，包括保护标志位置、设立时间、材质、尺寸等内容。

记录档案：根据记录档案的实际情况填写，包括档案名称、立卷年份等内容。

图3-15　位置信息现场采集

表3-3　河北省文物保护单位管理信息采集表

文物保护单位：								
类型		公布时代				级别		
详细地址								
经纬度					海拔			
文物构成								
使用情况	所有权	国家/集体/个人/其他				用途		
	使用单位/人			负责人		联系电话		
	备注							
管理机构（有/无）	名称			管理方式			照片	
	单位负责人			联系电话				
				邮箱				
	日常看管员			联系电话				
				邮箱				
保护区划（有/无）	划定时间					正射影像图		
	保护范围							
	建设控制地带							
	备注							
保护标志（有/无）	位置描述				设立时间		照片	
	材质				尺寸			
	备注							
记录档案（有/无）	档案名称				年份			
	存档单位				是否完善			
	备注							
监控设施（有/无）	监控设施				状况		照片	
	监控方案							
	备注							
避雷设施（有/无）	避雷设施				状况		照片	
	避雷方案							
	备注							
消防设施（有/无）	消防器材		照片		消防通道		照片	
	火警警报		照片		禁烟禁火标志		照片	
	违规用火情况		照片		周围危险物 / 建筑		照片	
	消防方案							
	备注							
用电设施（有/无）	用电线路				状况		照片	
	用电方案							
	备注							

3. “三防”信息

根据现场调查的实际情况填写，包括监控设施、避雷设施、消防设施、用电设施等内容。

（二）照片数据采集

为形象记录、展示各文物保护单位的管理情况，在调查的过程中进行了现场照片采集，主要包括保护区划、保护标志、监控设施、避雷设施、消防设施、用电设施等。

保护区划：保护区划现场照片是为生成俯视正射影像图拍摄的原始照片，具体拍摄技术见本章第三节“现状数据”内容。

保护标志：拍摄保护标志正、背立面，要求照片构图合理，重点突出，以展示保护标志形态和文字内容为主，同时能够兼顾表达周围环境情况。

监控设施：拍摄监控摄像头、监控室等，要求照片构图合理，重点突出，在展示监控设施本身形态状况的同时，能够兼顾表达周围环境情况。

避雷设施：拍摄接闪器、引下线、接地装置等，要求照片构图合理，重点突出，在展示避雷设施本身形态状况同时，能够兼顾表达周围环境情况。

消防设施：拍摄消防器材、消防通道、火警警报、禁烟禁火标志、违规用火情况等，要求照片构图合理，重点突出，在展示消防设施本身形态状况的同时，能够兼顾表达周围环境情况。

用电设施：拍摄配电设备、线路、保护电器等，要求照片构图合理，重点突出，在展示用电设施本身形态状况的同时，能够兼顾表达周围环境情况。

（三）保护区划图、保护标志位置示意图制作

为形象直观地展示保护区划的四至范围和保护标志的所在位置，项目组制作了保护区划图和保护标志位置示意图。保护区划图和保护标志位置示意图是在大区域航空摄影测量模型和俯视正射影像图的基础上制作的数据成果。大区域航空摄影测量模型和俯视正射影像图的制作技术要求将在本章第三节“现状数据”内容中进行叙述，此略。

保护区划图：将 obj 格式的大区域航空摄影测量模型导入 3ds MAX 软件，在模型数据中添加虚线作为基线（蓝色）与文物本体的相应位置重合，按照保护区划描述的距离数据对基线进行偏移，形成保护范围线（红色）和建设控制地带线（绿色），使用添加过基线、保护范围线、建设控制地带线的大区域模型直接渲染俯视正射影像图，将图像导入 Photoshop 编辑图框，即可生成完整的保护区划图。由于大区域模型本身具有准确的尺寸数据，在模型内添加的图形与模型数据相统一，最大限度地保证了保护区划图的准确性（图 3-16）。

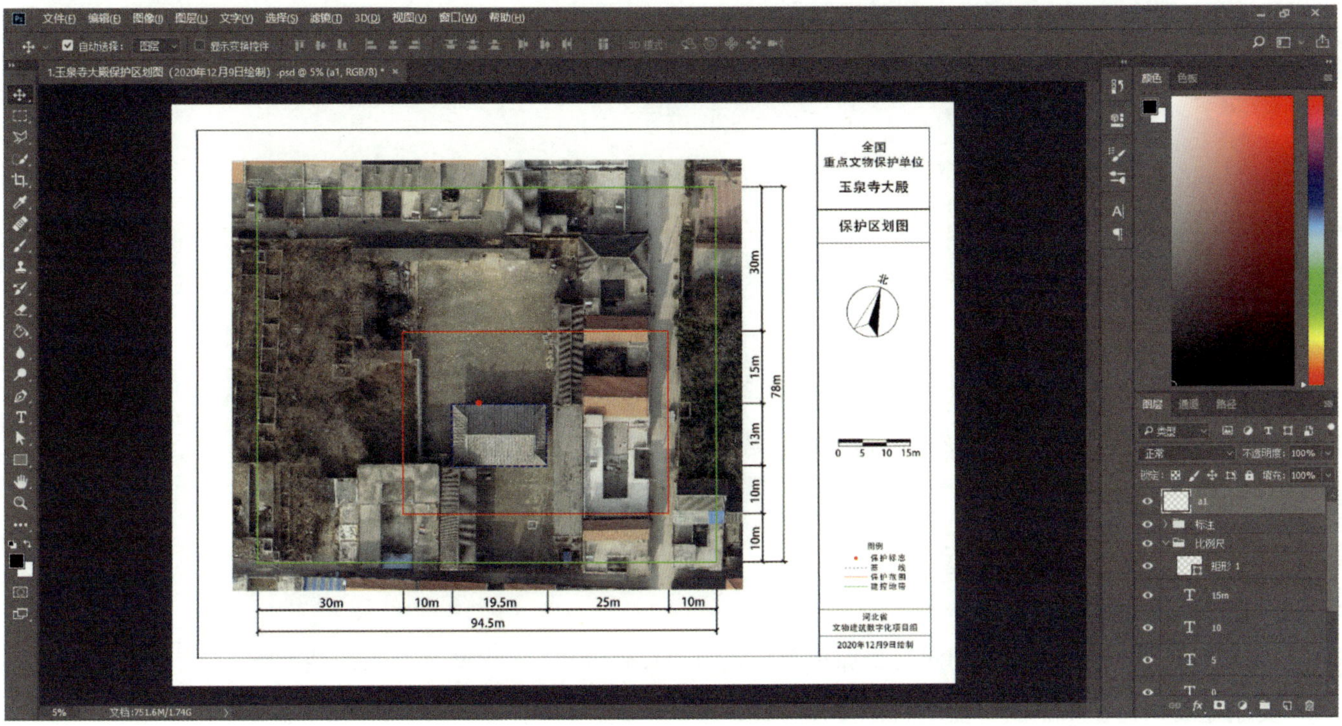

图3-16　Photoshop软件制作保护区划图

保护标志位置示意图：将jpg格式的俯视正射影像图导入Photoshop软件，在保护标志位置新建图层以红色圆点标注。与保护区划图不同，保护标志位置示意图不涉及尺寸数据的确定，在俯视正射影像图中的相应位置直接标注即可。

三、数据意义

通过管理信息采集表以及对相关照片、电子图纸等数据的整理和制作，形成数字化的管理情况数据。项目组对文物保护单位的管理情况进行调查、记录、评估，是完善数字化工作体系的重要一步，进一步拓宽了数字化项目的工作范畴。

利用航空摄影测量技术制作保护区划图，对文物保护单位的保护区划情况进行了调查、记录和评估。以往部分文物保护单位保护区划的划定受技术的制约不够严谨准确，尤其一些区划范围较大的文物保护单位，只能采取简单的步测法丈量距离。摄影测量建模技术通过照片合成三维数据，可实现厘米级的测量，在此基础上制作的保护区划图准确性高，可真实反映当前保护区划的范围，是文物保护单位后续保护利用、保护区划调整等工作的重要参考数据。

第三节 现状数据

一、采集内容

河北省文物保护单位数字化项目运用多种技术手段对采集对象现状进行采集记录，现状数据采集是信息采集工作的核心内容，现状数据包括信息总览、总体布局、文物本体、附属文物等。

（一）信息总览

以代表性照片结合文字说明对文物保护单位进行总体性介绍。要求文字介绍简洁准确，内容要涵盖文物保护单位的所在地点、公布时代、本体构成、特色价值、公布批次等。

（二）总体布局

通过航拍照片、俯视正射影像图、卫星图、视频、VR全景等技术记录文物保护单位的总体布局及周边环境现状。由于各文物保护单位的体量和分布范围差距较大，采集的成果也分为两种形式，内容各有侧重。

1. 跨村镇分布的文物保护单位

跨村镇的若干处不可移动文物组成的文物保护单位，每处不可移动文物拥有各自的保护区划。这类文物保护单位分布范围较大，达到数平方公里或更大。这种情况下，一张航拍照片无法记录文物保护单位的全部范围，使用大区域摄影测量建模则存在成本过高、数据量过大等问题，项目组一般仅对文物本体等重点区域做俯视正射影像图，嵌入卫星图中，通过卫星图表达记录各处不可移动文物的位置关系和周边环境等情况（图3-17）。

2. 不跨村镇分布的文物保护单位

不跨村镇分布的文物保护单位，按照布局形式可分为群组型文物保护单位和单体型文物保护单位两种形式。

群组型文物保护单位 由若干距离较近的单体文物组成，有唯一区域保护区划。这类文物保护单位的分布范围适中，一张航拍照片可以涵盖文物保护单位的全部范围，同时适合使用大区域摄影测量建模技术制作俯视正射影像图，项目组一般通过航拍照片和俯视正

图3-17　跨村镇分布的文物保护单位位置分布图

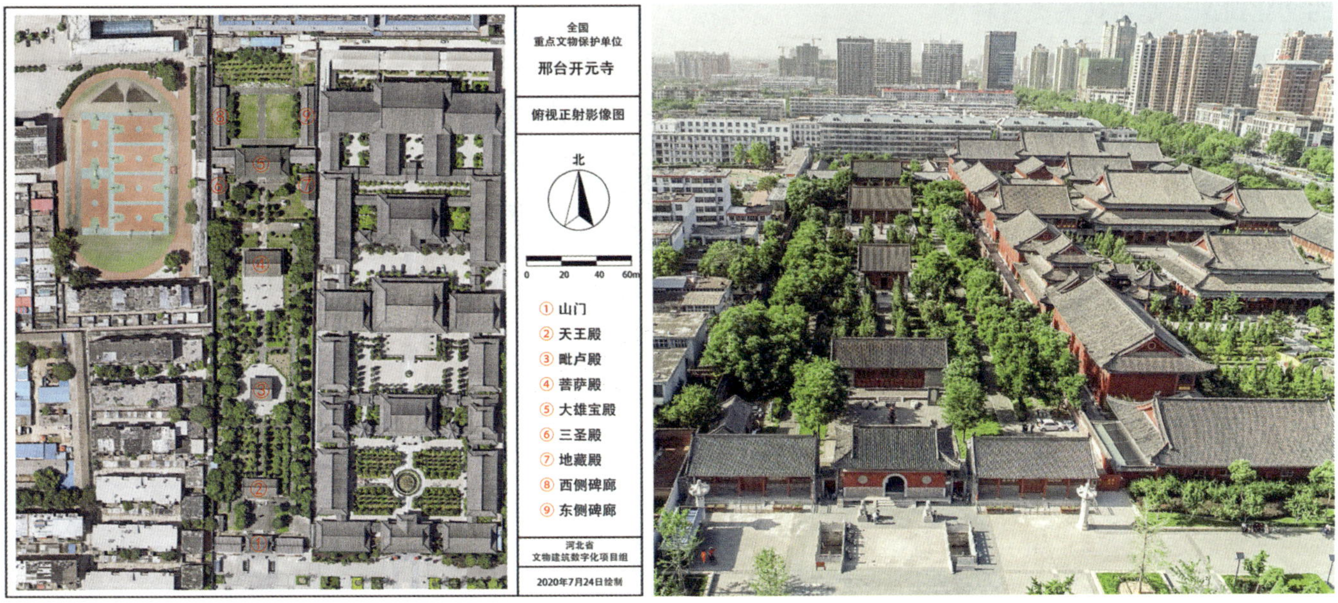

图3-18　群组型文物保护单位总体布局

射影像图表达记录文物保护单位的总体布局和周边环境情况（图 3-18）。另外，VR 全景技术也主要运用于这类文物保护单位的总体布局记录和展示。

单体型文物保护单位　只包含一处单体文物，有唯一区域保护区划。这类文物保护单位的分布范围小，一张航拍照片和俯视正射影像图的取景范围即可覆盖文物本体。由于单体型文物保护单位本身不存在各个构成之间的布局特征，项目组拍摄制作的航拍照片和俯视正射影像图通常比较重视周围环境情况的表达记录（图 3-19）。

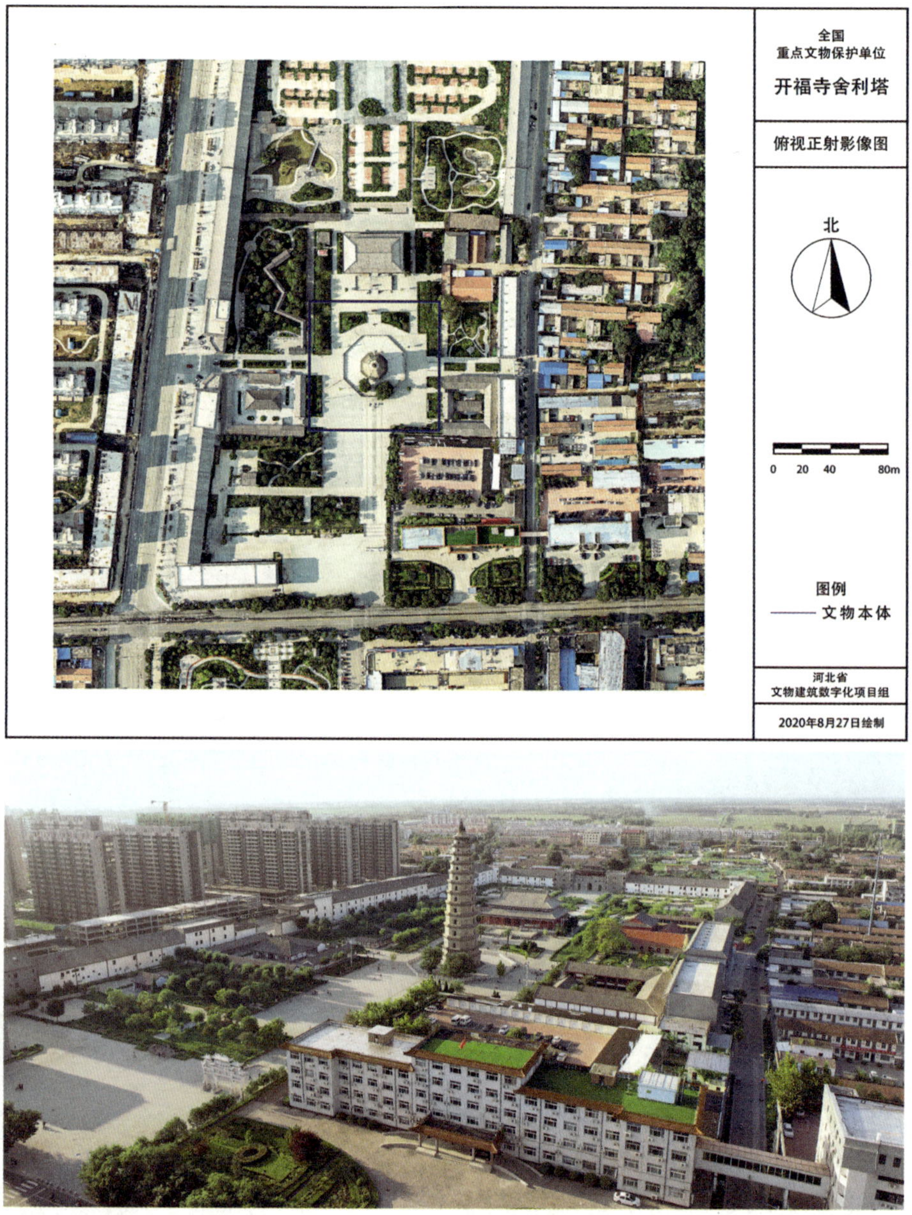

图3-19 单体型文物保护单位总体布局

（三）文物本体

通过照片、摄影测量建模、三维扫描等技术记录文物保护单位各文物本体的现状。根据文物类别的不同，文物本体的采集内容亦有所区别。

1. 古遗址

古遗址是具有突出普遍价值的文化遗产，是古代人类各种活动留下的遗迹。这类文物保护单位的本体通常叠压于农业用地或其他各类生产生活用地之下，项目组主要通过拍摄照片等方式采集古遗址的地表整体现状及残存的遗迹、遗物等（图 3-20）。

2. 古墓葬

古墓葬是古人安葬逝者形成的相关物质遗存，项目组主要通过拍摄照片等方式对古墓葬的封土、墓碑、神道、石像生等进行数据采集（图 3-21）。

3. 古建筑

古建筑类文物保护单位包括殿宇、塔幢、牌坊、古桥、城墙等，反映了古人的建筑技术和审美倾向，具有较高的历史价值、科学价值和艺术价值。因此项目组不仅需要使用拍摄照片的手段采集各个单体建筑的总体情况，也要对其建筑结构和装饰细节进行重点记录，包括殿宇的脊兽、瓦顶、墀头、斗栱、梁架、立柱、门窗、柱础、台明等，塔幢的塔刹、塔檐、塔身、塔座等，牌坊的楼、柱、夹杆石等，古桥的栏板、望柱、面石、拱券、桥墩等，城墙的宇墙、墙身、墙基等。除照片外，项目组运用摄影测量建模技术对部分价值较高的单体建筑进行了数据采集（图 3-22）。

4. 石窟寺及石刻

石窟寺及石刻类文物雕刻精美，艺术价值极高。项目组通过拍摄照片的方式采集石窟寺的内外立面、造像、刻经和石刻的正背立面、碑首、碑身、碑座等内容。石窟寺及石刻

图3-20　古遗址类文物保护单位

图3-21　古墓葬类文物保护单位

图3-22　古建筑类文物保护单位

类文物的精细艺术构件难以通过传统方式测量记录，项目组主要运用摄影测量建模和三维扫描技术进行数据采集（图 3-23）。

5. 近现代重要史迹及代表性建筑

近现代重要史迹及代表性建筑是指与重大历史事件、革命运动或者著名人物有关的，以及具有重要纪念意义、教育意义或者是具备丰富史料价值的近现代重要史迹、实物、代表性建筑，包括传统建筑、西式建筑、墓碑陵园、工矿遗存等。近现代重要史迹及代表性建筑更强调物质实体背后的历史价值，因此项目组主要对这类文物保护单位各单体建筑的内外总体情况和特点鲜明、价值较高的细节情况进行照片采集（图 3-24）。

6. 其他

河北省现存其他类省级以上文物保护单位仅沧州铁狮子和聚馆古贡枣园 2 处，项目组根据文物保护单位的各自特点进行了有针对性的数据采集（图 3-25）。

图3-23 石窟寺及石刻类文物保护单位

图3-24 近现代重要史迹及代表性建筑类文物保护单位

图3-25　其他类文物保护单位

（四）附属文物

《全国重点文物保护单位记录档案工作规范（试行）》的档案著录说明中，明确“附属文物”包含三类，即附属不可移动文物、附属保护性设施、附属可移动文物。项目组通常对附属文物进行照片采集，对于价值较高的附属文物运用摄影测量建模技术进行数据采集（图 3-26）。

图3-26　碑刻类附属文物

二、技术实施

文物保护单位的现状数据采集主要通过高清照片、视频、VR 全景、摄影测量建模、三维扫描等技术手段完成。数字化项目组根据文物保护单位类型、布局特点等制定采集方案，配备摄影、测量、无人机等专业采集设备及相应的专业技术人员，选用合适的数据采集技术路线，依据国家采集标准和行业规范进行作业，确保数据完整、准确。

（一）技术人员

根据数据采集内容，配备专业技术人员，具体情况见表 3-4。

（二）技术设备

依据国家《近景摄影测量规范》（GBT12979-2008）、《地面三维激光扫描作业技术规程》（CHZ3017-2015）、《古建筑测绘规范》（CHT6005-2018）等标准、规范，以及数字化采集项目工作的实际需求，合理配备专业采集设备。主要设备具体参数见表 3-5。

（三）实施技术

1. 高清照片

（1）技术简介

摄影是光与影的瞬间艺术，具有形象性、纪实性强，表达直观，易存储，传播展示快捷等诸多优势。采用拍摄数字高清照片的方式可以对文物保护单位现状信息进行大批量真实记录，从不同角度充分展现文物保护单位的时代特征、建筑结构以及细节装饰等，是目前成本最低、最有效、最便捷的数字记录方式。

表3-4　专业技术人员配备情况表

专业技术人员	工作任务
资料员	资料搜集、整理
摄影人员	高清照片拍摄、摄影测量建模
摄像人员	视频拍摄、VR全景拍摄
无人机驾驶员	无人机操作
测量技术员	测量工作
后期制作人员	三维模型、视频、VR全景等数据后期制作工作

（2）技术特点

随着科学技术的发展，数码相机已经逐渐替代传统胶片相机，是记录文物现状的主要设备之一。数码拍摄与传统胶片拍摄相比，具有明显的优势。数码相机拍摄成本低、存储

表3-5　专业采集设备配备情况表

设备类型	图片	设备用途	设备参数要求
无人机飞行平台	 高续航无人机	航空摄影测量	作业时间：70分钟 巡航速度：10m/s 地面电台控制距离：15km 差分模块精度： 平面精度：±8mm+1ppm 高程精度：±15mm+1ppm
	 大型无人机	近景摄影测量	爬升速率：5m/s 巡航速度：18m/s 任务载荷：2kg 测控距离：5km 飞行时间：35分钟 环境温度：–10至40℃ 抗风能力：8m/s 飞行半径：5km 飞行高度：1km
	 中型无人机	近景摄影测量	起飞重量：9kg 最大飞行高度：5km 最大信号距离：15km 最大飞行时间：55分钟 RTK位置精度： 平面精度：1cm+1ppm 高程精度：1.5cm+1ppm
	 小型无人机	近景摄影测量/ 高清照片/ 视频/VR全景	最大飞行海拔高度：6km 最大可承受风速：10 m/s 影像传感器：1英寸CMOS 有效像素：2000万 电子快门：8-1/8000s
照片、视频设备	 视频摄像机	视频	有效像素：不低于4000万 最高分辨率：7952×5304 视频分辨率：3840×2160 感光度：ISO50-204800 高清摄像：4K 60p 10-bit

续表

设备类型	图片	设备用途	设备参数要求
照片、视频设备	 摄影测量相机	近景摄影测量	有效像素：不低于3700万 最高分辨率：7360×4912 图像比例：3:2（全画幅）
	 专业单反相机	VR全景/高清照片	传感器类型：CMOS传感器 有效像素：不低于3000万 最高分辨率：5760×3840
测量设备	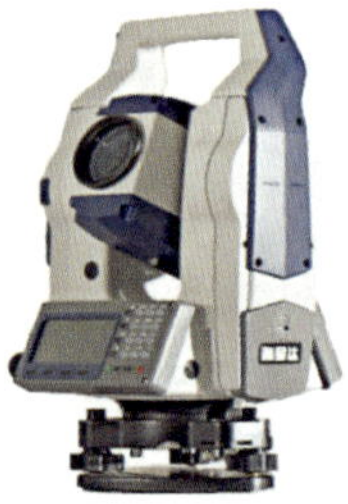 全站仪	近景摄影测量像控点	测角标准：2″ 望远镜放大倍数：30X 补偿范围：±3′ 测距精度（精测/粗测/跟踪）：2mm+2ppm 测量时间（重复/跟踪）：1秒/0.5秒 无棱镜测距：350m 测距精度：3mm+2ppm
	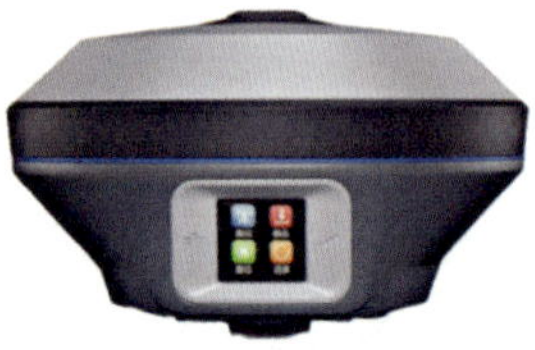 RTK	航空摄影测量像控点	定位精度：单基线<30km RTK定位精度： 水平±8mm+1ppmRMS 垂直±15mm+1ppmRMS 静态测量： 水平±2.5mm+0.5ppmRMS 垂直±5mm+0.5ppmRMS 码差分：0.25mRMS SBAS差分：0.5mRMS
搭载设备及镜头	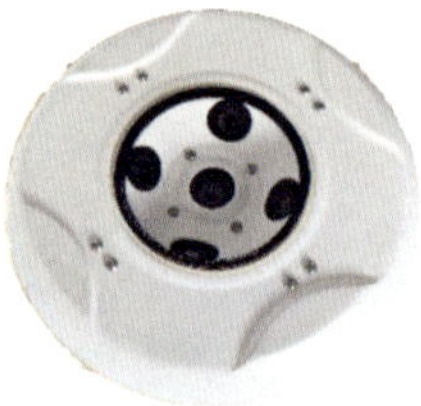 摄影测量系统	航空摄影测量	储存容量：320G 相机像素：1.2亿像素 对焦方式：物理定焦 传感器：23.5×15.6mm 像元尺寸：3.9μm 镜头焦距：下视25mm 侧视35mm 侧视倾角：45°
	 正射镜头	航空摄影测量	防护等级：IP4X 系统功耗：20W 工作温度：–20℃ 至 50℃ 存储温度：–20℃ 至 60℃

续表

设备类型	图片	设备用途	设备参数要求
搭载设备及镜头	 照片、视频专业镜头组	高清照片/视频	焦距：16~35mm、17mm移轴、24~70mm、70~200mm
	 VR全景鱼眼镜头	VR全景	最大光圈：F4.0 最小光圈：F22 焦距范围：8~15mm
三维激光扫描设备	 大空间扫描仪	三维扫描	测量范围：0.6~350m 激光等级：1级 波长：1550nm 测距精度：±1mm 分辨率：1.65亿像素 电池持续使用时间：4.5h
	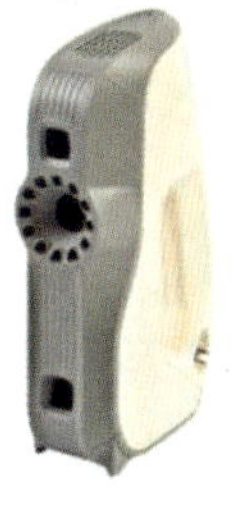 手持扫描仪	三维扫描	3D分辨率：0.5mm 3D数据精度：0.1mm 纹理清晰度：1.3mp 工作距离范围：0.4~1m 近距离扫描范围：214mm×148mm 远距离扫描范围：526mm×371mm 扫描角度范围：30×21° 数据获取时间：0.0002秒 获取数据速度：200万点/秒
	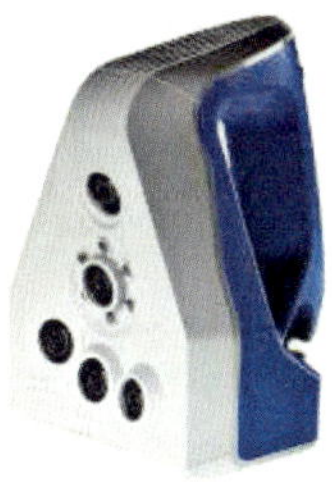 手持扫描仪	三维扫描	3D分辨率：0.1mm 3D数据精度：0.05mm 纹理清晰度：1.3mp 工作距离范围：0.17~0.3m 近距离扫描范围：90mm×70mm 远距离扫描范围：180mm×140mm 扫描角度范围：30×21° 数据获取时间：0.0005秒 获取数据速度：100万点/秒
辅助设备	 摄影三脚架	VR全景/高清照片	承重：8kg 升中轴高度可至：150cm 不升中轴高度可至：127cm

续表

设备类型	图片	设备用途	设备参数要求
辅助设备	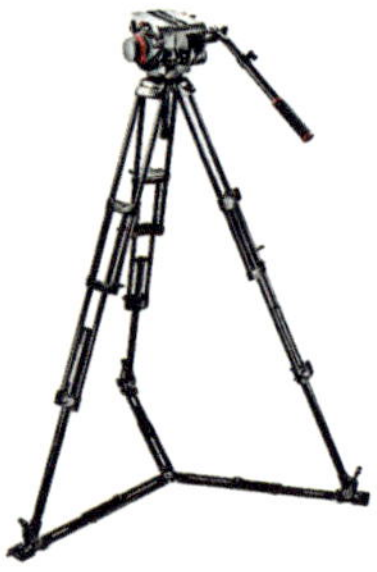 摄像三脚架	视频	承重：8kg 最低工作高度：46cm 最高工作高度：171cm
	 摄像稳定器	视频	航向范围：360° 横滚范围：–57~237.5° 俯仰范围：–91~155 ° 运动姿态跟踪误差： 最大：±0.04° 最小：±0.01°
	 专业补光灯	高清照片/视频/近景摄影测量	色温：5500K±200K 0.5米亮度：250000lux 1米亮度：45000lux 3米亮度：3500lux
	 摄影高杆	高清照片/近景摄影测量	材质：碳纤维 最大高度：7m 最大承重：5kg
	 全景云台	VR全景	材质：镁合金
	 专业色卡	高清照片/视频/近景摄影测量	高饱和色彩色块 低饱和色彩色块 灰阶色块

续表

设备类型	图片	设备用途	设备参数要求
工作站	 工作站	后期处理	CPU：因特尔酷睿i9 10900X 显卡：2080TI GDDR6 11G显存 内存：128G 3200hz

量大，不会由于胶卷原因限制拍照数量；数码相机的光电转换芯片能提供多种感光度选择，可根据拍摄需要调节感光度，不再因胶卷的规格而受限；数码相机拍摄获取图像方便快捷，省略了中间环节（如更换胶卷、洗印胶卷等），配置的电子显示装置使拍摄图像立拍立现，对不满意图像可删除重拍；在色彩的表现方面，数字感光元件COMS影像处理水平的提升使数码相机的拍摄效果具有很强的表现力，色彩还原和色彩范围比较稳定，能够获得比胶片更加干净连续的影像，图像数据成果质量高；存储数字图像的存储卡可以重复使用，存储、传输和展示更加方便快捷。高清照片拍摄技术成本低，采集效率高，因此适用于所有文物保护单位的信息采集。

（3）技术措施

采集准备　采集人员要通过查阅文物保护单位记录档案等基础资料，结合现场踏勘情况，制定合理的采集方案，明确任务，划定重点。对采集所需使用的设备进行检查校准，保证采集工作顺利开展。

采集内容　高清照片的采集内容包括总体布局、单体构成、细部构成、装修装饰、附属文物、残损现状等。

总体布局拍摄：采用无人机或摄影高杆拍摄文物保护单位八个方位的侧视全貌鸟瞰图以及正俯视图片，以展示文物保护单位总体布局情况。针对群组型文物保护单位，在全景照片采集完成后，对各个文物构成进行一一标注，明确文物构成及相互之间的位置关系（图3-27、图3-28）。

单体构成拍摄：对文物保护单位文物构成单体进行高清照片拍摄，要求从八个方位及顶面进行拍摄，全面展示单体构成的形制特征、保存现状等。当采集对象受到遮挡时，可采用高杆或无人机进行辅助拍摄，从而得到视角更为全面的立面照片（图3-29、图3-30）。

DJI_0225由南向北拍摄

DJI_0226由西南向东北拍摄

DJI_0227由西向东拍摄

DJI_0228由西北向东南拍摄

DJI_0229由北向南拍摄

DJI_0230由东北向西南拍摄

DJI_0231由东向西拍摄

DJI_0232由东南向西北拍摄

DJI_0233由东南向西北拍摄

图3-27 总体布局照片拍摄要求示意

1.武汝清公藏书阁　2.绣楼　3.武汝清原配夫人居室　4.账房　5.库房　6.武家中堂客位　7.武光斌公居室　8.武汝清侧室曹太孺人居室　9.武汝清侧室周太恭人居室　10.二进厅门房　11.武禹襄居室　12.武酌堂　13.武禹襄原配翟太恭人居室　14.武禹襄继配史太恭人居室　15.詹霁楼(武澄清居室)　16.武绳绪居室　17.武伊绪居室　18.赵太夫人居室　19.武敬绪居室　20.武毓之居室　21.膳房　22.书房　23.戏台

图3-28　文物构成位置示意图

细部构成拍摄：对文物本体各个构成部分进行细部拍摄，要求采用适当焦距的镜头，遵循先整体后局部、自上而下、由外到内、顺时针拍摄的原则。部分文物本体内部由于光线较暗，应使用三脚架稳定相机，结合快门线进行慢快门拍摄，也可搭配补光灯进行柔和补光，补光应注意避免投影影响各个构成部分的细节展示（图 3-31）。

图3-29　单体文物照片拍摄要求示意

图3-30　地面手持拍摄（左）与高杆拍摄（右）效果

图3-31　细部构成照片拍摄要求示意

装修装饰拍摄：对文物本体门、窗、石雕、砖雕、壁画等装修装饰部分进行拍摄，要求数码相机搭配适当焦距的镜头，拍摄时相机镜头应与拍摄对象垂直拍摄，避免画面产生畸变；对于雕刻类构件（如砖雕、石雕等）可进行多角度拍摄，充分展示其艺术特征、制作工艺等。

附属文物拍摄：采集人员应参考文物保护单位记录档案，首先对附属文物进行登记，然后遵循先整体、后细节、自上而下的顺序拍摄。如对碑刻类附属文物进行拍摄采集时，应先对石碑整体进行多角度拍摄，后对石碑各立面、碑首、碑身、碑座由上而下进行细节拍摄。对于需要进行清理的附属文物，在征得管理人员同意后进行安全清理，不得擅自进行清理（图 3-32、图 3-33）。

残损现状拍摄：对文物本体破损区域和病害现状进行整体和细节拍摄，要求能够准确展示破损位置、残损状况等（图 3-34）。

技术要求　单张照片不低于 2400 万像素，存储格式为 RAW+JPEG（S1）格式；拍摄照片焦点清晰、构图合理、无畸变、曝光准确、色彩还原准确，真实记录拍摄对象的现状

图3-32　附属文物照片拍摄要求示意

图3-33 拍摄前清理工作

图3-34 残损现状照片拍摄要求示意

与特征。在拍摄中，尤其注意下列事项：

曝光设置：在采集拍摄时，应根据拍摄内容设置相应的曝光组合，合理控制相机快门、镜头光圈和感光度参数，做到曝光准确、图片清晰、主体突出、景深合适（图3-35）。

感光度设置：感光度越高，画面产生的噪点越多，严重影响画面质量和色彩还原度，为获得色彩真实、画面清晰、细腻完美的图片信息数据，在室外光线良好的情况下，数码相机感光度设定为100～200 ISO；室内光线较暗的情况下可以根据需要适当增加感光度，但感光度不宜超过800 ISO，必要时可借助三脚架支设相机，依靠较慢的快门速度获得准确曝光（图3-36）。

色彩控制：在采集过程中，时间、环境导致的光线变化会影响图片信息的色彩还原，为避免出现颜色偏差，应根据现场光线情况合理设置相机色温参数，并采用专业色卡进行校准，以保证拍摄成果色彩准确还原（图3-37）。

灯光使用：在光线较暗的环境中进行拍摄作业时，可使用不会对文物产生危害的专业冷光LED灯进行合理的补光，根据实际需要调整照明设备的亮度，或搭载不同规格的柔光

图3-35　准确曝光（左）与过度曝光（右）照片效果对比

图3-36　低感光度（左）与高感光度（右）照片效果对比

罩，获得均匀柔和自然的光线。为防止对采集对象造成不可逆的辐射破坏，严禁使用高指数输出的闪光灯进行补光（图 3-38）。

时间设置：在现场数据采集工作时，要对数码相机储存数据的时间进行校对设置，与现场拍摄时间同步。

（4）数据处理

使用容量 1T 以上的移动硬盘对原始数据进行备份保存；在数据采集完成后，应第一时间将采集的数据进行分类备份。

原始数据存储备份完成后，对采集的照片数据进行命名（对象名称 + 拍摄角度 + 拍摄时间），将高清照片数据按照由宏观到微观、由远及近的顺序排列，以便查阅（图 3-39）。

当一处文物保护单位的单体构成数量较多时，应在一张全景照片上对各个单体进行标注，记录相关的空间位置信息。例如：抱犊山石窟万佛洞摩崖石刻，在照片数据采集完成后，应对东侧石壁的石刻分布进行框选和编号，并对相应的高清照片数据进行标注（图 3-40）。

5500K 3600K

图3-37 不同色温参数照片效果对比

图3-38 室内拍摄补光

图3-39　高清照片数据存储及命名

万佛洞东侧石刻1（由西向东拍摄，2019年9月19日）

万佛洞东侧石刻2（由西向东拍摄，2019年9月19日）

万佛洞东侧石刻3（由西向东拍摄，2019年9月19日）

万佛洞东侧石刻4（由西向东拍摄，2019年9月19日）

万佛洞东侧石刻5（由西向东拍摄，2019年9月19日）

万佛洞东侧石刻6（由西向东拍摄，2019年9月19日）

图3-40　高清照片数据位置标注及命名

2. 视频

（1）技术简介

视频泛指将一系列静态影像以电信号的方式加以捕捉、记录、处理、储存、传送与重现的技术，当静态的影像以每秒 24 帧以上的速率连续变化时，画面即会呈现平滑连续的视觉效果。视频技术最早随着阴极射线管电视系统的创建而发展起来，随着新的显示技术的发展，视频技术所包含的范畴也逐渐扩大。基于电视和计算机的不同标准，发展出两种不同的视讯技术。随着计算机性能的飞跃和数字电视的不断发展，这两个领域又有了新的交叉和集中。与此同时，摄像机也经历了从最初的胶片摄像机，到模拟信号摄像机，再到现在的数码摄像机的发展，各个元件趋于完善，画面分辨率也不断提高。这些技术和设备再加上与其配套的一系列计算机软件，共同组成了从拍摄到成片的全流程工作基础，极大提高了视频制作的效率。

（2）技术特点

传统上对文物保护单位的记录与展示多以照片、图纸等方式呈现，不具备动态效果，观看体验较差。对文物保护单位进行视频记录，实现动态展示，能够更加全面、生动地表现文物保护单位现状，产生移步换景的效果，有利于提升观看体验。视频利用不同景别镜头的切换，加以剪辑、整合、编排，使观众对文物保护单位有多方位的认识。

（3）技术措施

采集准备　前期通过查阅文物保护单位记录档案等基础资料，结合现场踏勘情况，进行视频脚本的编写，并根据拍摄镜头的需要，选择合适的拍摄器材、辅助设备等。

采集内容　为了更好、更全面地展示文物保护单位的现状情况，视频拍摄应包含以下内容：采用远景镜头拍摄文物保护单位的布局及周边情况；采用中景和近景镜头拍摄文物本体；采用特写镜头展现文物的细部构成。全面记录文物保护单位的保存状况、时代特征等信息。

技术要求　拍摄镜头平稳，平稳的镜头更能体现视频内容的真实性、客观性。在视频拍摄中，为保证镜头的平稳，应辅助三脚架及三轴稳定器等器材进行拍摄。选择合适角度拍摄，保证镜头角度与景物平视，使镜头中的景物能够给人以真实的感觉（图 3-41 ~ 图 3-43）。适当运用特写镜头，呈现细节特征，全面展示文物保护单位的微观艺术特色（图 3-44）。

（4）数据处理

整理检查拍摄内容　在拍摄过程中必须定时整理、检视拍摄的数据，着重检查是否有漏拍或偏离脚本的镜头。在拍摄工作基本完成后，将所有素材进行详细整理，以保证视频后期制作工作的顺利完成。

剪接及后期制作　后期制作人员按照剪接脚本和大纲进行剪辑，将影像效果、背景音乐等素材进行合成。要求视频成果逻辑通顺、节奏流畅，详略得当、真实全面地展示拍摄对象的整体结构和特点。对画面关键信息配以文字说明（字幕），文字内容要严谨准确；视频时长控制在 5 分钟以内，输出视频压缩采用 H.264 编码的 MP4 格式，画幅大小为 1920 × 1080 像素，帧速率为 25 帧 / 秒，色彩准确，声音流畅，无跳帧、丢帧（图 3-45）。

图3-41　视频拍摄现场

图3-42 高空拍摄视频

图3-43 地面拍摄视频

图3-44　细节特写视频镜头

图3-45 视频后期剪辑制作

3. VR全景

（1）技术简介

VR 全景技术是通过专业软件对专业相机捕捉整个场景的图像信息进行图片拼合的记录展示技术。以相机作为中心，将周围 360° 的环境完整囊括在多幅图像中，加以球形几何关系进行拼接，映射生成平面图片，既而完成全景画面的制作。

（2）技术特点

VR 全景以 360° 全方位视角展现场景和空间，可控制上下、左右、远近观看，同时可以利用各种导航功能，快速切换场景，仿佛置身于一个真实世界，给人以身临其境的感觉。尤其适合展示具有院落布局和内部空间结构的文物保护单位，且 VR 全景数据量小，传输方便。

（3）技术措施

采集准备 查阅记录档案等基础资料，结合现场踏勘情况拟定拍摄重点，规划路线及布点位置，确保拍摄点位之间的关联性，避免因点位过远导致浏览时出现场景跳跃式切换。提前检查无人机、相机、镜头、三脚架和全景云台等装备，选择光照充足的晴天进行拍摄。

采集内容 主要分为地面 VR 全景和高空 VR 全景（图 3-46）。

地面 VR 全景：地面 VR 全景采集使用鱼眼或广角镜头拍摄。采集过程中根据拍摄方案和文物保护单位特点，以成人正常视角合理设置拍摄点位、机位高度和拍摄距离，避免因拍摄位置不当造成画面畸变；对于场景中需要重点展示的细节部分，可另选取适当镜头进行单独拍摄，后期在场景中植入热点进行展示。

图3-46　地面与高空VR全景

高空 VR 全景：高空 VR 全景采集应根据文物保护单位的特点及周边环境情况合理规划安全飞行航线，选取适当飞行高度布设高空拍摄点位。

技术要求　单张照片数据不低于 3600 万像素；选择适当曝光组合进行拍摄，保证画面整体的清晰度；当光线反差较大时应采用 HDR 模式进行拍摄；避免出现炫光、穿帮等情况，及时检查拍摄点位是否有漏拍情况（图 3-47）。

（4）数据处理

照片合成　调整照片，准确还原现场环境，保证文物不偏色。擦除现场出现的人员、设备器材等穿帮元素。将照片导入制作软件进行拼接，应注意避免破面、分离现象。为实现 360° × 360° 的观看效果，进行补天、补地等工作。合成全景展开图不低于 12000 × 6000 像素，为完整的 2 : 1 比例全景图片，放大 100% 观看不失真；无死角、无错位、无瑕疵，保证观看时旋转过渡平滑、真实自然（图 3-48）。

导航图制作　为进一步直观地表达文物保护单位布局情况，方便 VR 全景数据的使用，项目组在 VR 全景中添加了导航图。导航图以文物保护单位俯视正摄影像图为基本素材制作，并在导航图右上角灰色区域标注指北针。遇到多层文物建筑时，需制作每层的平面导航图（图 3-49）。

图3-47　HDR模式合成效果

图3-48 VR全景照片后期制作

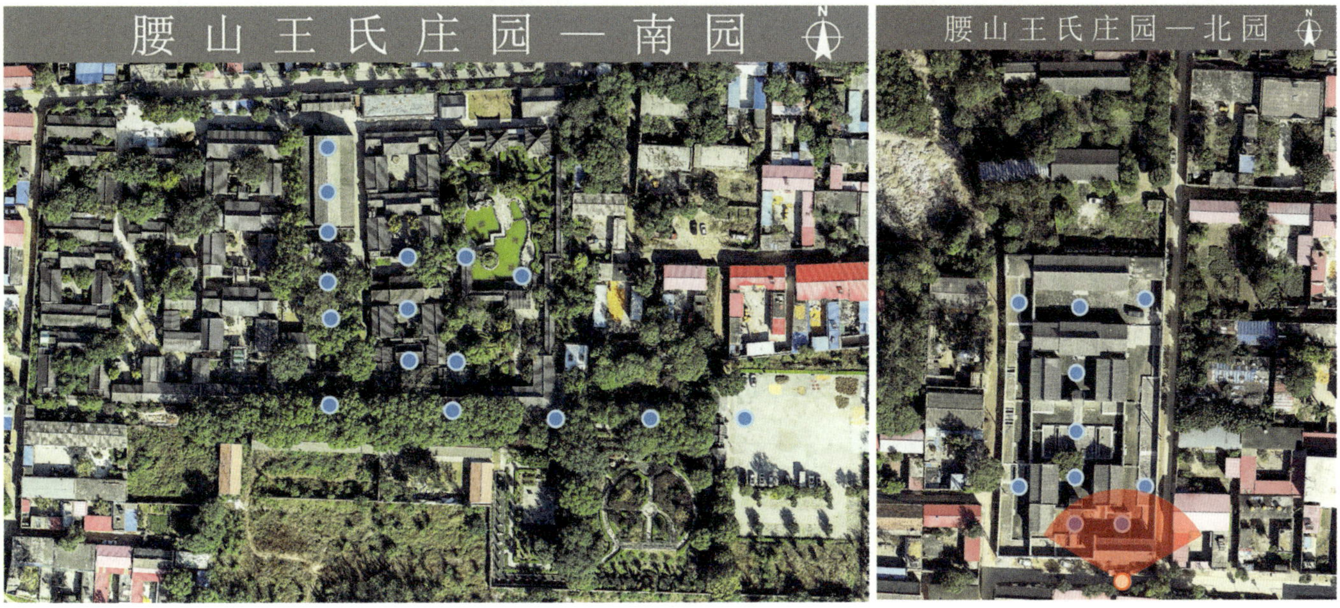

图3-49 VR全景导航图制作

VR成果　完整的VR全景漫游成果各点位场景的初始视角应以拍摄对象为中心，按照场景位置进行有序连接，导航图上浏览点位位置要与场景切换变化保持一致，并显示观看视角方向（图3-50）。

图3-50 VR全景导航展示

4. 摄影测量建模

（1）技术简介

摄影测量，是一种利用被摄物体影像重构物体空间位置和三维形状的技术。摄影测量技术通过计算机后期处理被拍摄物体影像，可自动构建模型，添加纹理，恢复基于真实地理信息坐标的三维场景，完成实景建模。根据拍摄距离的不同，摄影测量分为近景摄影测量和航空摄影测量。

（2）技术特点

近景摄影测量，是通过多角度拍摄获取采集对象的大量影像信息，并利用测量仪器布设像控点，再将影像、像控两种数据相融合生成精细单体模型的技术。近景摄影测量是一种非接触性测量手段，可控制采集影像质量，后期对色彩进行校准，对色彩纹理有较高的还原度。

航空摄影测量，通过无人机搭载多角度航拍设备，对拍摄对象进行连续性的影像采集，结合地面像控点，测量生成三维模型及正射影像。航空摄影测量以大范围、高精度、高清晰度的特点全面感知复杂场景，具有自动化强、灵活性高、成本低等优势。

（3）技术措施

近景摄影测量

通过现场踏勘结合记录档案制定拍摄计划，确保数据拍摄的连贯性和完整性。根据现场采集情况准备数码相机、高杆、无人机等拍摄器材。当周边草木等杂物影响采集工作需清理时，应先征得当地管理人员同意后再进行安全清理，不得擅自清理。如遇树木遮挡严重、采集空间狭小、无人机禁飞等特殊情况，需制定其他工作方案。选择多云或阴天天气进行采集，防止出现光比过大造成的拍摄细节丢失、曝光不均匀等情况。使用全站仪、RTK 等对采集对象的长、宽、高进行测量，并进行像控点测控，保证模型坐标数据准确。为保证精度，选取的像控点应特征明显、距离合适、易于测量、纹理分明。另外，应使用固定焦距的镜头进行等间距、有规律、多角度、高重叠的采集（图 3-51）。

航空摄影测量

航线规划：对采集对象和周边环境进行踏勘，合理设置航高和航线重叠率，保证采集

图3-51　摄影测量工作现场

精度与效率。为保证摄影测量数据成果质量，采用不低于航向 70%、旁向 80% 的大重叠率设置航线，摄区航向和旁向方向边界各向外延长 100 米。拍摄期间应通过目测及监视器监视无人机飞行状况，确保无人机起飞、采集和返航过程中的飞行安全（图 3-52）。

图3-52　航线规划

像控点布设：测区范围内边角点要求布设像控点，其余区域均匀布设控制点。像控点应尽量布设在地表，特殊情况下，也可将点布设在低矮构筑物的拐角处。应充分利用现场地形、地物条件进行布点，将控制点布设在清晰的明显地物的折角顶点、交角良好的线状地物的交点，如建筑位置明显的直角点及颜色纹理变化的分界点等处。

像控点一般应布设在航向 6 张图片和旁向 5 张图片的重叠范围内；位于自由图边的像控点，尽可能布设在图廓线 4mm 以外，确保规划范围无缺失漏拍。

特殊像控点要根据现场情况进行布设，如航摄区域接合处的布点应布设在航线重叠接合处，邻区尽量公用，如不能满足公用要求，则分别布点；当出现航向连续 6 条（含 6 条）以上或旁向连续 2 条（含 2 条）以上基线无法在图片标准点位找到合适的目标时，可以适当放宽基线跨度要求，也可考虑在图片非标准点位位置布设像控点。像控点的精度相对于起算点的点位，误差不得大于 0.1mm；高程中误差不得大于测图基本等高距的 1/10；另外需加测碎部检查点，平均每 200m 布设 1 ~ 5 个检查点，检查点为地形特征点。

（4）数据处理

目前，行业领域中应用于摄影测量的软件有 Bundler、VisualSFM、ContextCapture Center、Smart 3D、PhotoScan、Pix4D 等。本项目使用的数据处理软件主要为 ContextCapture Center。ContextCapture Center 软件完全根据影像数据制作三维模型成果，可以真实还原地物的空间位置、形态、颜色和纹理。软件通过一组从不同角度拍摄的静态建模主体航拍数据作为输入数据源，加入各种可选的拍摄设备传感器属性（如焦距、传感器尺寸、主点）、照片位置参数（如 GPS）、照片姿态参数（如 INS）、控制点等额外数据，通过计算输出高分辨率的带有真实纹理的三角网格模型。数据处理流程如下：

打开 ContextCapture Center 软件新建一个工程（Project），在新建工程内新建一个块（Block），如下所示（图 3-53）：

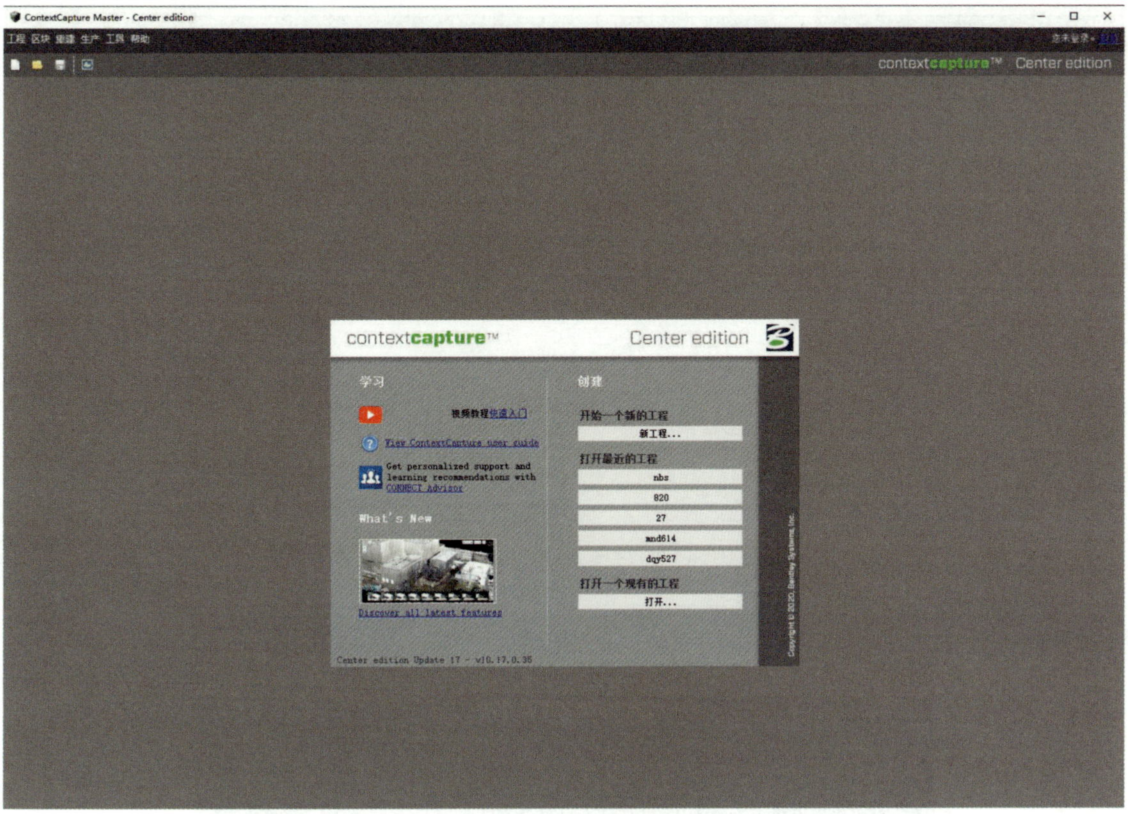

图3-53　工程建立

如果没有 POS 数据，直接在 Photo 菜单加载影像文件（Add photos）或文件夹（Add Directory），导入全部照片，设置传感器大小（Sensor Size）和焦距（Focal Leng）等参数（图 3-54）。

如果有 POS 数据，且已按要求做好 excel 表格，则通过主菜单 Block 下拉，选择 Import Block 对该表格进行加载，加载完成后，视图中间偏右位置 3D View 可以查看到空间效果。由于 POS 数据只使用坐标值，没有使用姿态角，故显示为黄色点，可以通过该视图判断飞行的质量（图 3-55）。

将摄区外业像控点量测到空三工程中。为保证控制点的量测精度，每个控制点在每个镜头上至少刺 3 张照片，根据点位信息将控制点量入软件模块（图 3-56）。

空中三角测量计算设置所有倾斜摄区影像全部参与空三计算。每张图片（包含倾斜影像）的外方位元素使用 POS 数据处理结果进行计算（图 3-57）。

ContextCapture 软件 AT 模块经过提取特征点（Extracting Keypoints）、提取同名像对（Selecting Pairs）、相对定向（Initialization Orientation）、匹配连接点（Matching Points）、区域网光束平差（Bundle Adjustment）等步骤的运算处理，得到摄区空中三角测量成果。为提高空中三角测量成果的精度，可以使用软件对摄区进行二次空三运算，最终得到更为精准的摄区空三结果报告（图 3-58）。

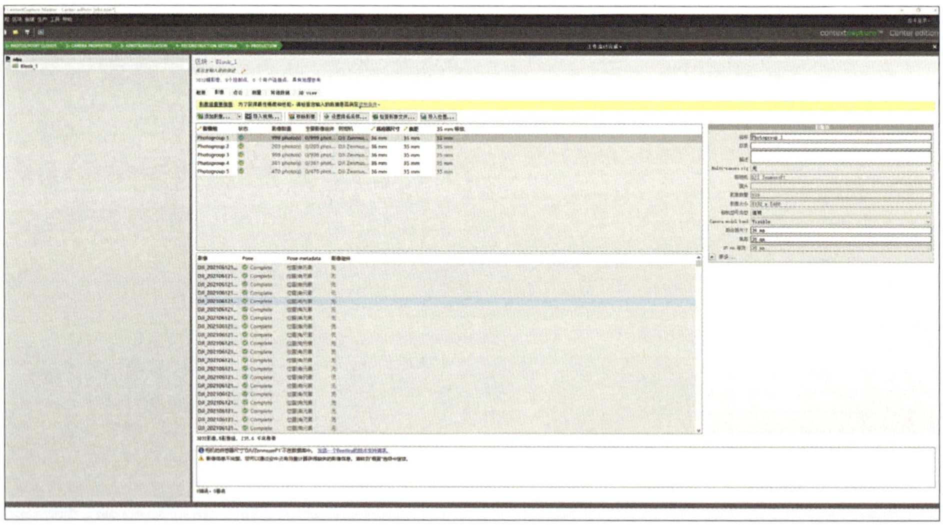

图3-54　照片导入

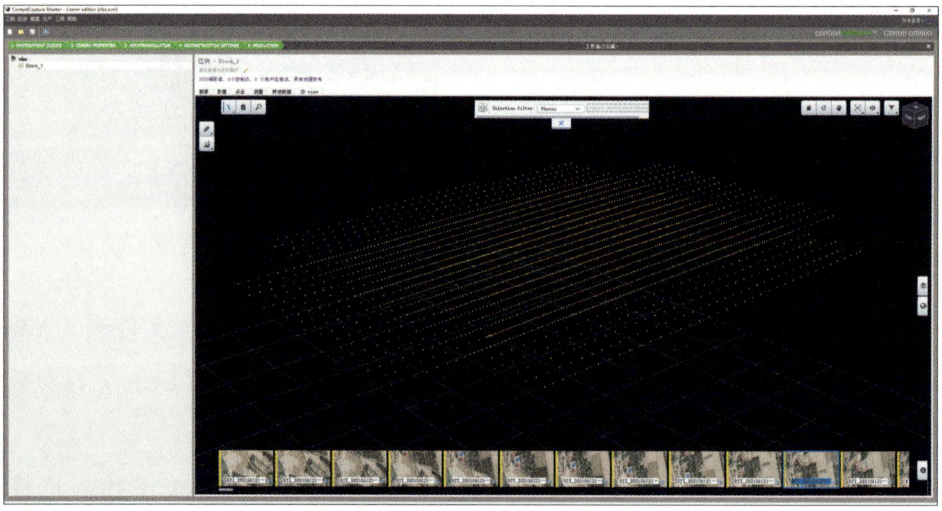

图3-55　航线分布图

图3-56　拍摄区像控点量测

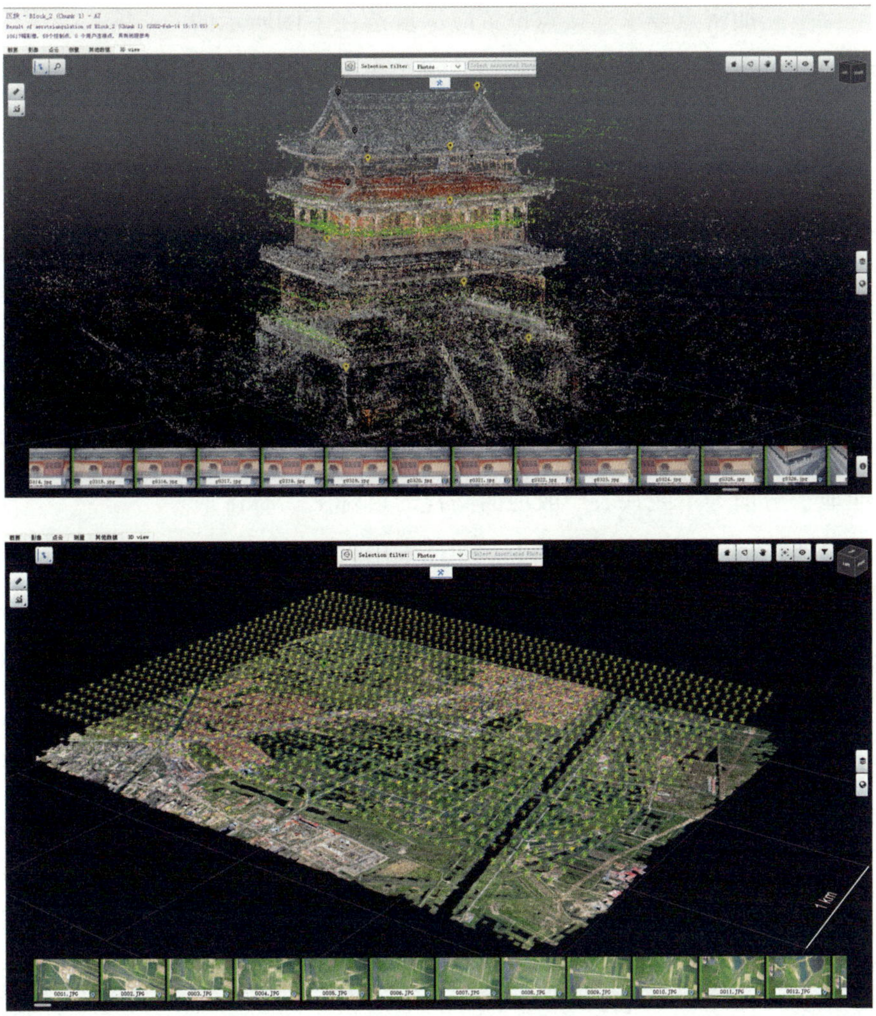

图3-57　空中三角测量

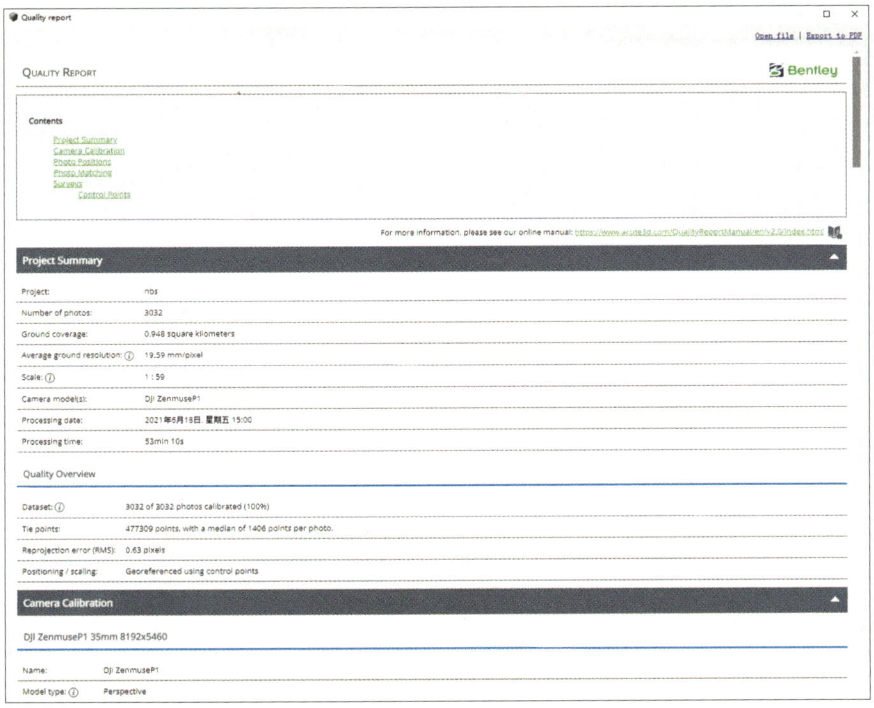

图3-58　空中三角测量成果检查

空三加密点要求连接点位置应尽量选在下图所示的1、2、3、4、5、6六个标准点位附近。当标准点位的选点目标不合适时，应适当增加连接点的数量，提高连接强度（图3-59）。

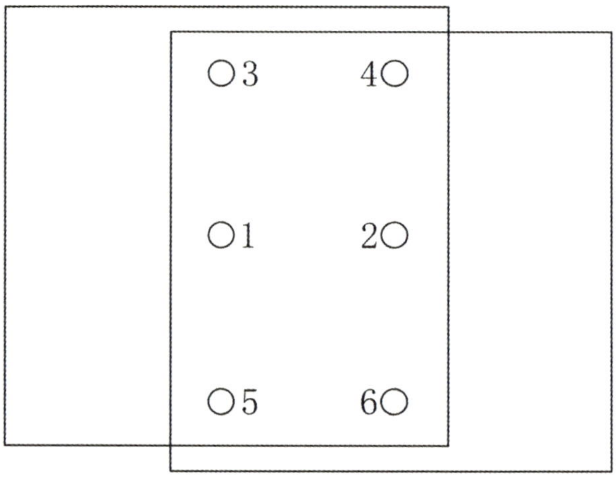

图3-59　空三加密点位置示意图

当旁向重叠过大，连接点距离方位线小于上述规定时，应分别选点；当旁向重叠过小，在重叠中线处选点难以保证量测精度时，也应分别选点。所选点位构成的图形应大致成矩形，点位高差不宜过大。点位距离图片各类标志要大于1mm。平地纠正点尽量避免选在土堤、洼地、房顶等不能代表一般地面高程的目标上。林区应尽量选在林间空地的明显点上，如选不出，可选在相邻航线、左右立体像对都清晰的树顶上。沿河道、山谷布设的航线应注意标准点之间的高差，以免出现相对定向的不定性。在平坦地急剧转为山地、高山地处（地形变换处），每个像对需增加1～2个加密点。自由边处应考虑测绘面积把点选在图廓线外。

全数字空中三角测量（空三加密）采用主流空三算法进行空三加密和平差解算。

“空三”关系模型查看无错误后，可计算三维模型（图3-60），空间框架（Spatial framework）参数设置如下。

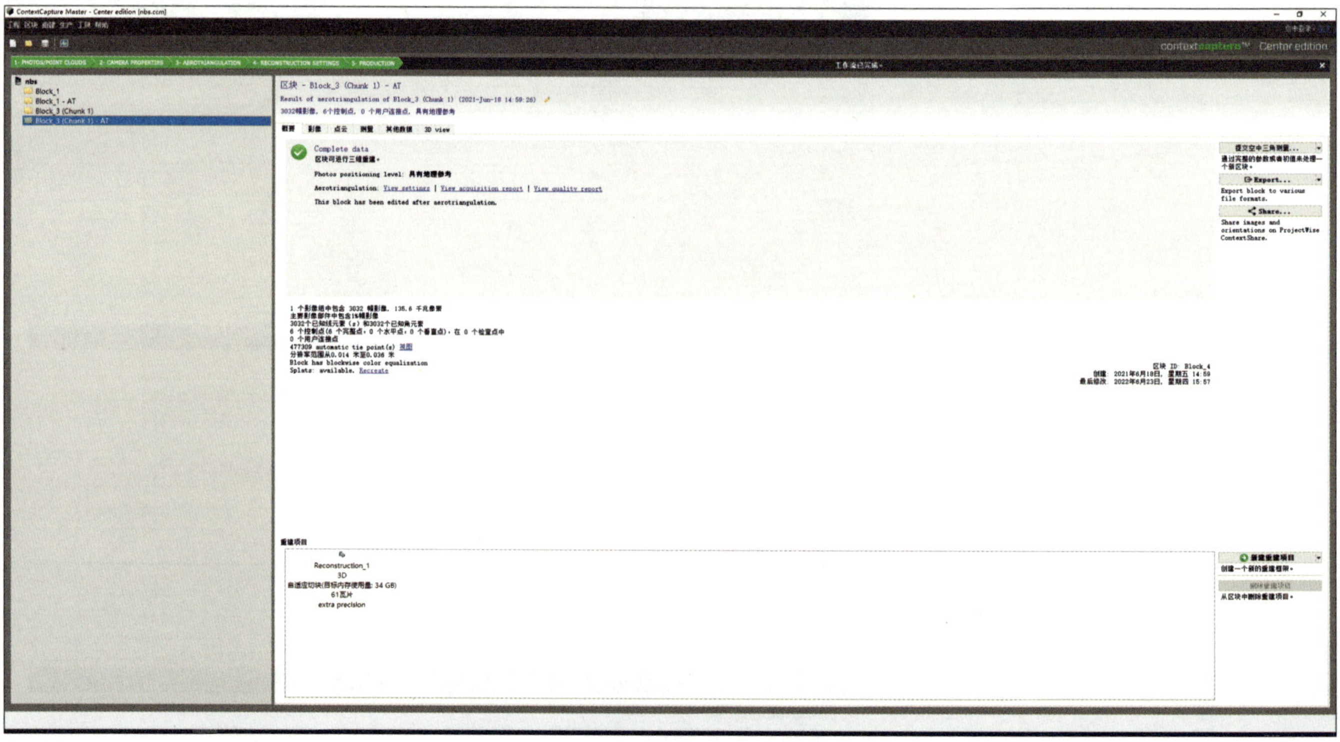

图3-60　计算三维模型参数设置

选择空间参考系统（Spatial reference system）与控制点的空间参考一致，设置 x、y、z 轴选定所需区域（Region of interest）。

分瓦（Tiling），模式（Mode）一般选择规则平面方格（Regular planar grid）分瓦，分瓦大小要保证不超过电脑内存大小的二分之一（图 3-61）。

提交产品（Submit new production），可得到 s3c、osgb 等格式的三维模型，为后期的三维模型分析和应用提供基础数据，具体参数设置见图 3-62。

建模处理采用并行 GPU 框架硬件，专用硬盘存储可保证数据快速读取及高效计算。并行处理能力极大提高了计算机速度，减少了运行时间。

三维模型的生产，使用 ContextCapture 软件处理的空三成果作为数据源。模型制作的计算任务量较大，为提高数据处理速度，在处理过程中，可将摄区分割成 N 个模型单元分别进行处理。

数据成果格式如下：

ContextCapture S3C 格式：ContextCapture 的自有格式，带有压缩、动态金字塔和分页，可使用 Acute3D Viewer 进行本地或在线浏览；

OBJ 格式：可被 CAD 和多数 3D 软件所接受的通用 3D 格式，此格式只包含单级最高分辨率的底层数据，如需要可以生产动态的金字塔格式；

Open Scene Graph Binary（OSGB）格式：含有动态金字塔的 OpenSceneGraph 数据库

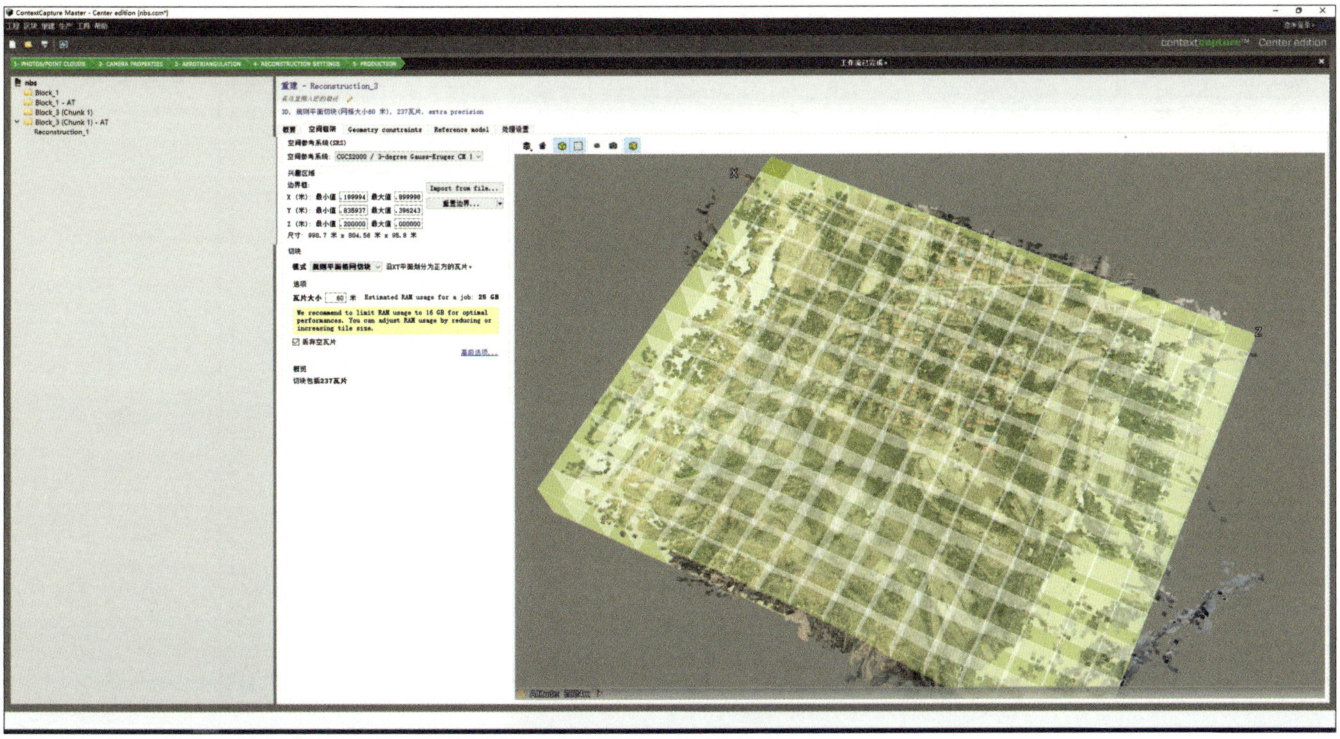

图3-61　空间框架参数设置

图3-62 Submit new production参数设置

的开放数据格式；

LOD tree export 格式：基于 XML 文件和三维模型的 Collada DAE 格式。

ASPRS LASer (LAS) 格式：开放通用的三维点云数据格式。

以上数据格式，可以满足高德平台、CAD 等多种主流国内外平台，能够保证多种平台的数据无缝结合。如 OBJ 格式的三维模型文件可直接导入 3ds MAX 软件渲染正射影像图和三维视频。

5. 三维扫描

（1）技术简介

三维扫描技术是利用各种手段获取被测物三维信息的技术，目前常见的适用于文物的非接触式主动三维扫描主要基于光学测量而完成，如大空间三维激光扫描和手持三维扫描分别利用了相位差法和结构光法测量、解析文物表面各点的三维信息。

三维扫描技术是测绘领域继 GPS 技术之后的又一次技术革命，已经逐渐成为广大科研人员和工程技术人员解决问题的全新手段，并逐渐取代一些传统的测绘手段，为工程与科学研究提供更准确的数据。随着该技术的不断成熟，尤其是硬件设备性能的提高，大空间三维激光扫描已经被广泛应用于文物保护、测绘工程、土木工程、灾害应急等领域，同时手持三维扫描技术也在文物、机械和医学领域发挥越来越重要的作用。

（2）技术特点

三维扫描技术，可快速、高精度、高密度地获取被测对象表面的三维坐标数据，在信息留存、精细测绘、病害调查、考古制图、虚拟修复、保护工程设计、数字展示、遗产监测等文物保护工作中应用广泛。本项目使用的三维扫描技术设备主要有大空间三维激光扫描仪和手持三维扫描仪两种。

大空间三维激光扫描仪属于相位式扫描设备，具有可移动性和便携性的特点。无论室内或室外、还是在明亮的阳光下或完全黑暗的环境中，仅需几分钟即可完成场景记录。大空间扫描仪的扫描速度高达 976,000 点 / 秒，分辨率高达 165M 像素；借助现场补偿功能，可以立即验证或调整补偿，获得高质量的扫描数据和可追溯的文档。大空间三维激光扫描仪主要用于完成文物保护单位空间数据的整体数据采集工作。

手持三维扫描仪是基于结构光技术的高精度 3D 扫描仪，能够捕捉小型物体的细节，精度高，色泽鲜亮，扫描迅速，可以以每秒 200 万点的速度、0.1mm 的精度捕获数据。手持三维扫描仪主要用于完成小型单体不可移动文物的数据采集工作。

（3）技术措施

大空间三维激光扫描

在现场踏勘中，设计科学高效的采集控制网，确定扫描标靶位置。

标靶应在扫描范围内均匀布置且高低错落，且每一扫描站的标靶不少于 4 个，相邻两扫描站的公共标靶不少于 3 个。

采集站点应架设在适当的位置，确保高效完整地采集到文物本体的信息，通常情况下，采用地面和高杆架设站点的方式进行作业，当文物本体过高时，可使用摇臂升降车或脚手架辅助完成作业（图 3-63）。

设有标靶的测站应进行标靶识别和精确扫描，相邻测站间有效点云的重叠度不低于 30%。

扫描作业结束后，应将扫描数据导入计算机，检查点云数据覆盖范围完整性、标靶数据完整性和可用性，对缺失和异常数据，应及时补扫。

手持三维扫描

在现场踏勘中，应提前掌握文物本体和采集环境情况，确认是否需要搭设脚手架。

手持三维扫描设备需与移动工作站连接，为保证工作站长时间、高效率运行，需配备供电设备。

手持三维扫描仪虽然可实时生成初步的模型成果，但扫描仪瞬间捕获的面积范围较小，为防止缺扫、漏扫等情况发生，应配备专人配合，通过移动工作站进行实时观测，对缺扫、漏扫部位及时进行补扫。

手持三维扫描仪虽然可调节闪光灯或 blueLED 光源，但较强的可见光会对采集数据产生干扰，为提高工作效率，应选择在夜间、傍晚等光线较暗的环境

图3-63　大空间三维激光扫描现场作业

图3-64　手持三维扫描现场作业

下进行扫描作业（图 3-64）。

（4）数据处理

大空间三维激光扫描数据

大空间三维激光扫描数据通过点云预处理、点云拼接、点云除冗等数据处理流程，最终获得完整的三维点云数据。

点云预处理：扫描仪采集的原始数据包括大量噪声及冗余数据，点云数据预处理可以剔除噪声及冗余数据，为三维模型重建提供可靠点云数据，同时也降低模型重建的复杂度。

点云拼接：为进行较高质量的数据拼接，一般在扫描区域内设置控制点或者标靶点，使得相邻区域的扫描点云数据中至少有 3 个以上的公共点（同名控制点或者标靶点），通过公共点的强制附合，将相邻的扫描数据统一到同一坐标系下。

点云除冗：原始点云数据经过点云预处理和点云拼接，可形成完整的点云数据，但其中仍然包含较多的冗余数据，这些冗余信息对模型建立或特征提取会形成干扰，应采用区域合并及重采样的方法进行数据除冗，最终获得高质量完整的点云数据（图 3-65）。

手持三维扫描数据

手持三维扫描数据通过数据分块、点云降噪、数据简化、三角网模型建立、模型处理、模型合并等数据处理流程，最终获得完整的三维模型。

图3-65　大空间三维激光点云数据成果

数据分块：与大空间扫描数据相比，手持三维扫描数据量更为庞大。目前高性能计算机很难一次处理完成如此之大的数据量。因此，对于手持扫描的三维点云数据，首先要对点云数据进行分块处理。

点云降噪：在手持三维扫描点云数据采集时，轻微震动或重复扫描均容易产生噪声数据，一般通过选择体外孤点、非连续项、减少噪音等手段进行点云降噪。

数据简化：为去除冗余信息，在精细建模之前，一般采用曲率采样方法进行信息简化，采样点间距要求为0.15mm。

三角网模型建立：经过上述处理后，对点云数据进行分块建模。

模型处理：又称网格处理，主要是去除钉状物、小组件、自相交、高度折射边，以及填充小孔、小通道。对于较大的孔洞，采用曲面进行填充；根据实际情况需要，也可采用搭桥、边界删除等相关操作。模型处理可参照可见光照片进行，从而使得模型更逼近原物。

模型合并：按上述方法和步骤对其他分块数据进行单独建模，然后通过模型合并获得整体精细模型数据。合并完成后，还要对整体三维模型再次进行网格处理，尤其是边界的编辑处理，以达到最佳效果（图3-66）。

图3-66　手持三维激光点云数据成果

三、数据意义

现状数据采集是河北省文物保护单位数字化项目工作的核心内容。

受自然和人为因素影响，文物不可避免地随着时间的流逝而经历生老病死。使用照片、视频、VR 全景、摄影测量建模和三维扫描等方式对文物进行多角度记录、高精度测量，最大限度地保留文物的现状信息，有利于留住文化根脉，造福子孙后代。

留存的数据也可为文物修缮工作提供依据，是实现文物预防性保护的重要途径。

采集获取的数据展现了文物之美，为当地的文化旅游宣传提供了诸多素材，促进旅游经济的发展。

4

第四章

数据存储和展示利用

第一节
河北省文物保护单位数字化项目数据的备份存储

河北省文物保护单位数字化项目，从2016年启动，至2021年结束，共计形成数据约40T，项目组根据数据属性和使用需求，对数据进行了分类整理，并存储备份。

一、数据分类

河北省文物保护单位数字化项目的技术数据以文物保护单位为基本单元，每处文物保护单位的数据包含原始数据、三维数据和整理数据三个数据板块（图4-1）。

（一）原始数据

原始数据是项目组外业团队采集的未经挑选处理的数据。包括经过电子扫描的文档数据、电子文档数据、管理情况照片、管理信息采集表、文物照片、视频素材、VR全景照片、摄影测量照片、像控点数据、分站三维点云数据等。

扫描文档：通过电子扫描纸质文档获得，存储格式有jpg、pdf等。

电子文档：由河北省古建院和各地文保所提供或项目组网络搜集获得，存储格式有doc、docx、indd、psd、dwg、pdf等。

管理情况照片：通过项目组现场拍摄获得，存储格式有cr2、arw、nef、jpg等。

管理信息采集表：通过电子扫描纸质管理信息采集表获得，存储格式有jpg、pdf等。

文物照片：通过项目组现场拍摄获得，存储格式有cr2、arw、nef、jpg等。

视频素材：通过项目组现场拍摄获得，存储格式有mp4、mts等。

VR全景照片：通过项目组现场拍摄获得，存储格式有cr2、arw、nef、jpg等。

摄影测量照片及像控点数据：通过项目组现场拍摄采集获得，存储格式有jpg、txt等。

分站三维点云数据：通过项目组现场采集获得，存储格式为FARO、Artec等各类设备输出数据的专有格式。

原始数据数据量大，是最终成果数据的重要基础，是对文物保护单位信息最为详尽的记录。

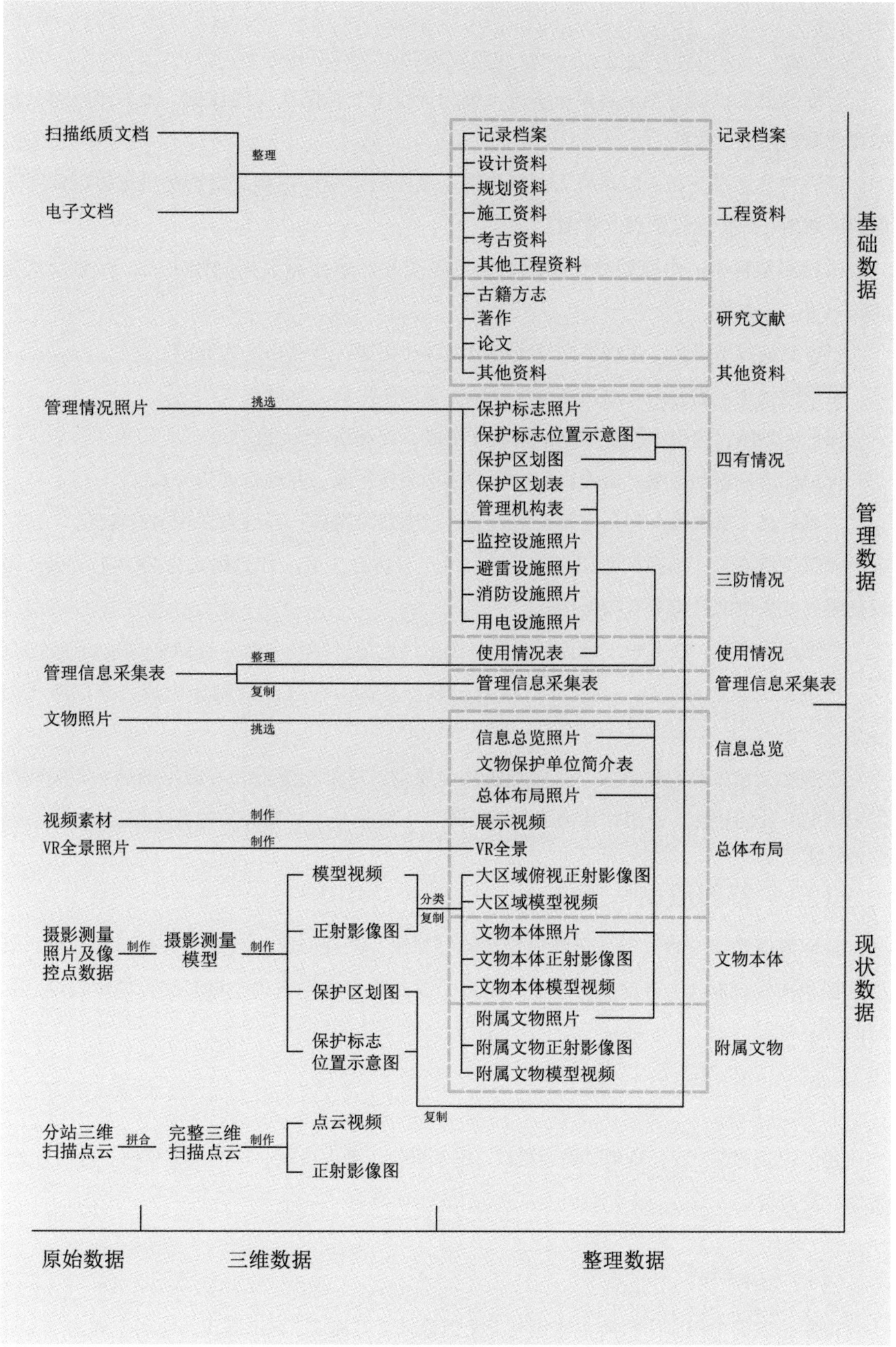

图4-1　数据成果结构示意图

（二）三维数据

三维数据是以摄影测量建模技术或三维扫描技术为基础获得的数据，分为摄影测量数据和三维扫描点云数据。

摄影测量建模数据：包括摄影测量模型、摄影测量模型视频、摄影测量正射影像图、保护区划图、保护标志位置示意图。

摄影测量模型：由原始数据中的摄影测量照片及像控点数据制作生成，存储格式有 obj、osgb、wrp 等。

摄影测量模型视频：由摄影测量模型渲染制作生成，存储格式为 mp4。

摄影测量正射影像图：由摄影测量模型渲染制作生成，存储格式为 jpg。

保护区划图：由摄影测量模型渲染制作生成，存储格式为 jpg。

保护标志位置示意图：由摄影测量模型渲染制作生成，存储格式为 jpg。

三维扫描点云数据：包括完整三维点云、三维点云视频、三维点云正射影像图。

完整三维点云：由原始数据中的分站三维点云拼合生成，存储格式为 FARO、Artec 等设备服务方提供的各类专有数据格式。

三维点云视频：在完整三维点云数据基础上经过渲染制作生成，存储格式为 mp4。

三维点云正射影像图：在完整三维点云数据基础上经过渲染制作生成，存储格式为 jpg。

三维数据精度高、体量大，其中摄影测量模型、三维扫描点云等数据的展示、编辑均需要借助专业的软件，使用和传播的门槛较高，主要服务于文物保护相关工作。

（三）整理数据

整理数据是在原始数据、三维数据基础上制作、整理形成的数据，分为基础数据、管理数据和现状数据。为方便查阅和录入平台，需对数据文件格式、命名和存储位置设立相应的规范要求。

1. 基础数据

包括记录档案、设计资料、规划资料、施工资料、考古资料、其他工程资料、古籍方志、著作、论文等。

（1）记录档案

由原始数据中相应的扫描文档和电子文档整理合并而成，pdf 格式。命名方式为“文件名称（编制单位，编制时间）”，如“全国重点文物保护单位：天宫寺塔（唐山市丰润区文物管理所，2014.10）”。存储于“基础数据 - 记录档案”数据板块。

（2）设计资料

由原始数据中相应的扫描文档和电子文档整理合并而成，pdf 格式。命名方式为“文件名称（编制单位，编制时间）”，如“响堂山石窟常乐寺塔修缮工程设计方案（河北省古代建筑保护研究所，2012.03）”。存储于“基础数据 - 工程资料 - 设计”数据板块。

（3）规划资料

由原始数据中相应的扫描文档和电子文档整理合并而成，pdf 格式。命名方式为“文件名称（编制单位，编制时间）”，如“邢台市开元寺文物保护规划（河北省古代建筑保护研究所，2004.04）”。存储于“基础数据 - 工程资料 - 规划”数据板块。

（4）施工资料

由原始数据中相应的扫描文档和电子文档整理合并而成，pdf 格式。命名方式为“文件名称（编制单位，编制时间）”，如“满城陵山汉墓防渗加固工程竣工资料（河北省古代建筑保护研究所，2004.04）”。存储于“基础数据 - 工程资料 - 施工”数据板块。

（5）考古资料

由原始数据中相应的扫描文档和电子文档整理合并而成，pdf 格式。命名方式为“文件名称（编制单位，编制时间）”，如“正定城墙南城墙月城遗址、瓮城南部城台遗址考古试掘工作报告（河北省文物研究所，2014.04）”。存储于“基础数据 - 工程资料 - 考古”数据板块。

（6）其他工程资料

由原始数据中相应的扫描文档和电子文档整理合并而成，pdf 格式。命名方式为“文件名称（编制单位，编制时间）”，如“河北内丘扁鹊庙古建筑群安装消防、避雷设施项目立项建议书（河北省内丘县文物局，2007.03）”。存储于“基础数据 - 工程资料 - 其他”数据板块。

（7）古籍方志

由原始数据中相应的扫描文档和电子文档整理合并而成，pdf 格式。命名方式为“文件名称（出版社，出版时间）”，如“清康熙《丰润县志》（上海书店，2006）”。存储于“基础数据 - 研究文献 - 古籍方志”数据板块。

（8）著作

由原始数据中相应的扫描文档和电子文档整理合并而成，pdf 格式。命名方式为“文件名称（编著者，出版社，出版时间）”，如“邢窑遗址研究（邢台市文物管理处、临城县文物保管所，科学出版社，2007）”。存储于“基础数据 - 研究文献 - 著作”数据模块。

（9）论文

由原始数据中相应的扫描文档和电子文档整理合并而成，pdf 格式。命名方式为“文件名称（作者，期刊名称，期号）”，如“河北内丘扁鹊庙考述（贾成惠，文物春秋，2008（1））”。存储于“基础数据 - 研究文献 - 论文”数据模块。

2. 管理数据

包括保护标志照片、保护标志位置示意图、保护区划图、保护区划表、管理机构表，监控设施照片、避雷设施照片、消防设施照片、用电设施照片、使用情况表等。

（1）保护标志照片

由原始数据中相应的管理情况照片挑选获得，jpg 格式。命名方式为“序号 . 文件名称（拍摄时间）”，如“1. 天宁寺前殿保护标志正立面（2018 年 5 月 15 日）”。存储于“管理数据 - 四有情况 - 保护标志”数据模块。

（2）保护标志位置示意图

为三维数据中的保护标志位置示意图，jpg 格式。命名方式为“序号 . 文件名称（示意图制作时间）”，如“1. 天宁寺前殿保护标志位置示意图（2018 年 6 月 5 日）”。存储于“管理数据 - 四有情况 - 保护标志”数据模块。

（3）保护区划图

为三维数据中的保护区划图，jpg 格式。命名方式为“序号 . 文件名称（保护区划公布时间，区划图制作时间）”，如“1. 天宁寺前殿保护区划图（2008 年公布，2018 年 6 月 5 日绘制）”。存储于“管理数据 - 四有情况 - 保护区划”数据模块。

（4）保护区划表

通过整理原始数据中的管理信息采集表获得，xlsx 格式。命名为“保护区划”。存储于“管理数据 - 四有情况 - 保护区划”数据板块。

（5）管理机构表

通过整理原始数据中的管理信息采集表获得，xlsx 格式。命名为“管理机构”。存储于“管理数据 - 四有情况 - 管理机构”数据板块。

（6）监控设施照片

通过挑选原始数据中相应的管理情况照片获得，jpg 格式。命名方式为“序号 . 文件名称（拍摄时间）”，如“1. 监控摄像头（2018 年 5 月 15 日）”。存储于“管理数据 - 三防情况 - 监控设施”数据板块。

（7）避雷设施照片

通过挑选原始数据中相应的管理情况照片获得，jpg 格式。命名方式为“序号 . 文件名称（拍摄时间）”，如“1. 避雷引线（2018 年 5 月 15 日）”。存储于“管理数据 - 三防情况 - 避雷设施”数据板块。

（8）消防设施照片

通过挑选原始数据中相应的管理情况照片获得，jpg 格式。命名方式为“序号 . 文件名称（拍摄时间）”，如“1. 灭火器（2018 年 5 月 15 日）”。存储于“管理数据 - 三防情况 - 消防设施”数据板块。

（9）用电设施照片

通过挑选原始数据中相应的管理情况照片获得，jpg 格式。命名方式为“序号 . 文件名称（拍摄时间）”，如“1. 配电箱（2018 年 5 月 15 日）”。存储于“管理数据 - 三防情况 - 用电设施”数据板块。

（10）使用情况表

通过整理原始数据中的管理信息采集表获得，xlsx 格式。命名为“使用情况”。存储于“管理数据 - 使用情况”数据板块。

3. 现状数据

包括信息总览照片、文物保护单位简介表、总体布局照片、展示视频、VR 全景、大区域俯视摄影测量正射影像图、大区域摄影测量模型视频、文物本体照片、文物本体摄影测量正射影像图、文物本体摄影测量模型视频、附属文物照片、附属文物摄影测量正射影像图、附属文物摄影测量模型视频等。

（1）信息总览照片

通过挑选原始数据中相应的文物照片获得，jpg 格式。命名方式为“序号 . 文件名称（拍摄方向，拍摄时间）”，如“1. 毗卢寺（由南向北拍摄，2019 年 11 月 25 日）”。存储于“现状数据 - 信息总览 - 图片”数据板块。

（2）文物保护单位简介表

项目组根据记录档案和其他现场采集的信息填写，xlsx 格式。命名为“信息总览”。存储于“现状数据 - 信息总览 - 图片”数据板块。

（3）总体布局照片

通过挑选原始数据中相应的文物照片获得，jpg 格式。命名方式为“序号 . 文件名称（拍摄方向，拍摄时间）”，如“1. 毗卢寺总体布局（由南向北拍摄，2019 年 11 月 25 日）”。存储于“现状数据 - 总体布局 - 图片”数据板块。

（4）展示视频

通过对原始数据中的视频素材剪辑制作而成，mp4 格式。命名方式为“序号 . 文件名称”，如“1. 毗卢寺展示视频”。存储于“现状数据 - 总体布局 - 视频”数据板块。

（5）VR全景

通过原始数据中的 VR 全景照片制作而成，jpg 格式。命名方式为“序号 . 文物保护单位小写全拼”，如“1.pilusi”。存储于“现状数据 - 总体布局 -VR 全景”数据板块。

（6）大区域俯视摄影测量正射影像图

为三维数据中相应的摄影测量正射影像图，jpg 格式。命名方式为“序号 . 文件名称（拍摄时间）”，如“1. 毗卢寺俯视正射影像图（2019 年 11 月 25 日）”。存储于“现状数据 - 总体布局 - 图片”数据板块。

（7）大区域摄影测量模型视频

为三维数据中相应的摄影测量模型视频，mp4 格式。命名方式为“序号 . 文件名称”，如“1. 井陉旧城城墙三维成果视频”。存储于“现状数据 - 总体布局 - 三维视频”数据板块。

（8）文物本体照片

通过挑选原始数据中相应的文物照片获得，jpg 格式。命名方式为“序号 . 文件名称（拍摄方向，拍摄时间）”，如“1. 释迦殿（由东南向西北拍摄，2019 年 11 月 25 日）”。存储于“现状数据 - 文物本体 - 图片”数据板块。

（9）文物本体摄影测量正射影像图

为三维数据中相应的摄影测量正射影像图，jpg 格式。命名方式为“序号 . 文件名称（拍摄时间）”，如“1. 释迦殿正立面正射影像图（2019 年 11 月 25 日）”。存储于“现状数据 - 文物本体 - 图片”数据板块。

（10）文物本体摄影测量模型视频

为三维数据中相应的摄影测量模型视频，mp4 格式。命名方式为“序号 . 文件名称”，如“1. 释迦殿三维成果视频”。存储于“现状数据 - 文物本体 - 三维视频”数据板块。

（11）附属文物照片

通过挑选原始数据中相应的文物照片获得，jpg 格式。命名方式为“序号 . 文件名称（拍摄方向，拍摄时间）”，如“1.《重修毗卢寺记》碑（明嘉靖十四年）（由南向北拍摄，2019 年 11 月 25 日）”。存储于“现状数据 - 附属文物 - 图片”数据板块。

（12）附属文物摄影测量正射影像图

为三维数据中相应的摄影测量正射影像图，jpg 格式。命名方式为“序号 . 文件名称（拍摄时间）”，如“1.《重修毗卢寺记》碑（明嘉靖十四年）碑阳正射影像图（2019 年 11 月 25 日）”。存储于“现状数据 - 附属文物 - 图片”数据板块。

（13）附属文物摄影测量模型视频

为三维数据中相应的摄影测量模型视频，mp4 格式。命名方式为“序号 . 文件名称”，如“1. 释迦殿《重修碑记》碑三维成果视频”。存储于“现状数据 - 附属文物 - 三维视频”数据板块。

整理数据是项目原始数据的精华提炼，既能全面展示文物保护单位信息，又不至于数据杂乱繁冗；整理数据体量适中，无使用门槛，受众广泛；数据板块划分清晰、文件命名规范严谨，可以直接上传河北省文物保护单位数字化平台。

二、存储方式

数字化项目组将一个县（市、区）的所有文物保护单位数据存储至这一县（市、区）的数据单元，再将各县（市、区）的数据存储至其所属地市的数据单元，最终形成以文物保护单位为基础单元，市县分层管理的数据存储体系。为确保成果数据安全，目前存储方式有移动硬盘、磁盘阵列、云存储等。

（一）移动硬盘

移动硬盘与一般计算机内部使用的硬盘在功能上一致，但可以任意插拔移动，是数字化项目组日常传输、整理、存储数据的最常用介质。

1. 原理构造

目前常用的移动硬盘从原理构造上可分为机械硬盘和固态硬盘。

机械硬盘的存储器由磁头、悬臂、磁盘片、电机等构件组成，为磁性存储器，通过磁头与磁盘片上磁性材料的相互作用来读写数据。写入数据时，磁头接收来自电脑的电信号，悬臂调整磁头在磁盘片内外磁道的各个扇区上移动，通过电磁效应改变磁盘片上不同区域磁性材料的磁极方向状态，这种状态在断电后依然能够保持，从而实现数据记录。读取数据时，不同磁极方向的磁性材料通过电磁效应与磁头产生不同的感应电流，形成电信号，实现数据读取（图 4-2）。

固态硬盘的存储器为 NAND FLASH 闪存颗粒，为半导体存储器，由浮栅晶体管构成。写入数据时，在晶体管控制栅极加高压正电压，电子就会穿过隧穿层进入浮栅层，不同电压使穿过隧穿层进入浮栅层的电子数量不同，由于浮栅层被绝缘层包围，断电后，电子依然被困在浮栅层内，实现了数据记录。读取数据时，对晶体管的控制栅极加低压正电压，电子被吸引至源极和漏极之间形成沟道，晶体管通电，由于浮栅层内的电子对形成沟道的电子具有排斥作用，影响沟道深浅，进而影响电流大小，实现数据读取（图 4-3）。

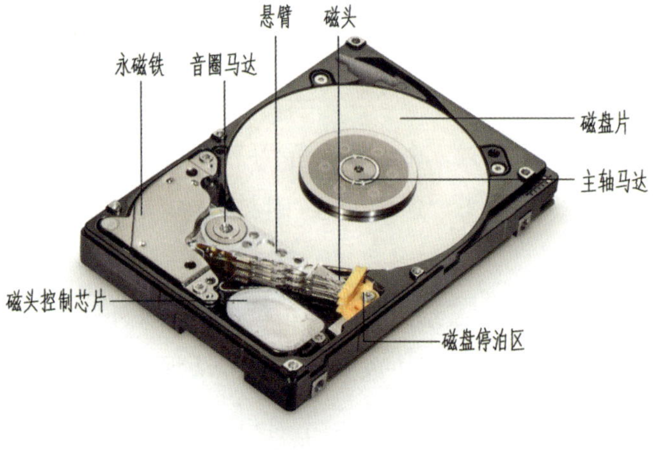

图4-2 机械硬盘结构

从读写速度方面比较，机械硬

盘的读写需要机械巡道，即磁头找到数据在磁盘片上的位置，速度较慢；固态硬盘所存储的数据只有逻辑位置，没有机械位置，所以不需要巡道，速度较快。从防磕防震方面比较，机械硬盘工作时，磁盘片高速旋转，磁头与磁盘片的距离仅为 0.1 ~ 0.3μm，一旦硬盘受到磕碰，容易发生磁头故障或磁盘片划伤等损坏；固态硬盘内部全部为电路板承载的电子模块，没有复杂的机械结构，防震性能好。从数据安全方面比较，长时间放置情况下，机械硬盘的磁盘片虽然会发生一定程度的退磁，但速度非常缓慢，总体比较稳定；固态硬盘长时间不通电，浮栅层内的电子会穿过绝缘层逐渐流失，造成数据损失。机械硬盘如果发生故障，可以进行修理、恢复数据；而固态硬盘一旦发生故障，数据几乎不可能恢复。从经济成本方面比较，相同容量的机械硬盘价格低于固态硬盘。

综合对比机械硬盘和固态硬盘的原理、性能和项目需求，数字化项目组选择机械硬盘作为数据拷贝、存储介质，以保证数据成果安全。

2. 接口

移动硬盘的接口包括 USB 接口、Thunderbolt 接口以及 SATA 接口等。

USB (Universal Serial Bus) 由 Intel、Compaq、Digital、IBM、Microsoft、NEC 及 Northern Telecom 等计算机公司和通信公司于 1995 年联合制定，并逐渐形成了行业标准。USB 又分为多种版本，目前以 USB2.0、USB3.2Gen1（即原 USB3.0、USB3.1Gen1）、USB3.2Gen2（即原 USB3.1Gen2）较为常见，高版本对低版本向下兼容。USB 接口的物理形态有 Type-A（包括 Standard-A、Mini-A、Micro-A）、Type-B（包括 Standard-B、Mini-B、Micro-B）和 Type-C 等。目前大部分计算机都外置 USB 接口，所以 USB 接口的移动硬盘也是通用性最强的移动硬盘（表 4-1）。

Thunderbolt 接口由 Apple 等公司开发，其接口物理形态有 Mini DisplayPort、Type-C 等。Thunderbolt3 理论最大传输速率达到 40Gbps，Thunderbolt4 传输速率与 Thunderbolt3 相同，并改进了兼容性、安全性，提升了连接能力。Thunderbolt 接口主要用于固态移动硬盘。

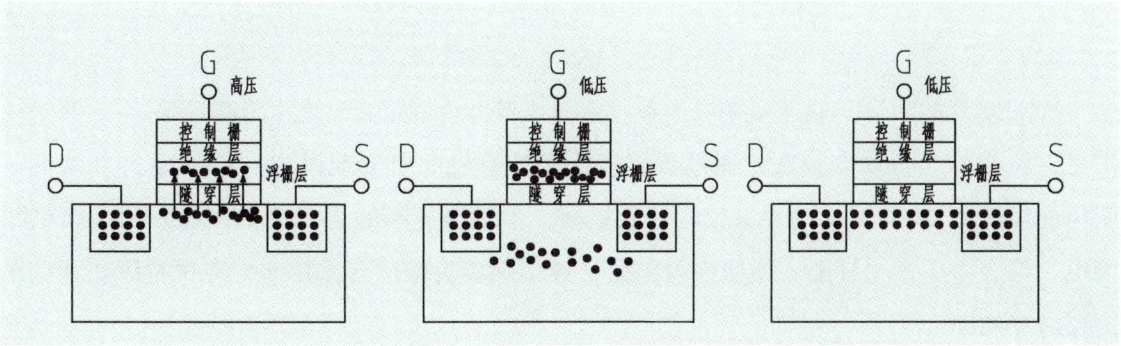

图4-3　浮栅晶体管工作原理示意图

表4-1 USB接口物理形态一览表

		USB2.0	USB3.2Gen1	USB3.2Gen2
Type-A	Standard-A			
	Mini-A			
	Micro-A			
Type-B	Standard-B			
	Mini-B			
	Micro-B			
Type-C				

SATA 由 Intel、APT、Dell、IBM 等公司于 2001 年制定，目前 SATA 的主流标准为 SATA 3.0。SATA 主要用于计算机内部硬盘的连接，很少有计算机外置 SATA 接口。所以 SATA 接口硬盘作为移动硬盘外置使用时，通常要配置硬盘盒将 SATA 转为 USB 再连接计算机。

综合考虑通用性、便捷性和传输速率等因素，数字化项目组采用 USB 接口硬盘作为存储介质。

3. 尺寸

移动硬盘的尺寸规格主要有 2.5 英寸和 3.5 英寸两种。2.5 英寸的移动硬盘当下比较常见，需要的运行功率较低，通过数据线连接计算机即可实现供电，不需要另外供电，使用便捷。3.5 英寸的移动硬盘读写性能更好，但需要更高的运行功率，通常要另接电源供电。综合考虑读写性能、便捷性等因素，数字化项目组适合采用 2.5 英寸的移动硬盘作为存储介质。

通过对移动硬盘的类型、接口、尺寸的对比，数字化项目组选取 2.5 英寸的 USB 接口机械移动硬盘作为数据拷贝、存储的介质。

（二）本地磁盘阵列

磁盘阵列全称独立磁盘冗余阵列（RAID），由多块磁盘组合而成，使用时可由控制器将数据分条块同时存入各磁盘中并进行校验，提高了数据读写速率和安全性。

常见的磁盘阵列有 RAID0、RAID1、RAID2、RAID3、RAID4、RAID5 等。

RAID0 需要 2 块以上的磁盘，数据条块化分段并行存储到各块磁盘。RAID0 是速度最快、读写效率最高的磁盘阵列。但由于没有备份和校验数据，安全性差，一旦阵列中某块磁盘出现故障，其他磁盘所存的数据则无法读取。

RAID1 需要 2 块以上的磁盘，数据存储至主盘的同时镜像存储至其他从盘。RAID1 是安全性最高的磁盘阵列，多块磁盘中只要有 1 块不发生故障，即可留存全部数据。但由于同一数据要进行多次备份，写入速度较慢，且成倍增加了存储所需要的磁盘空间，存储效率低、成本高。

RAID2 一般由 7 块以上的磁盘组成，在数据以位或字节为单位进行条块化存储的同时，生成加重平均纠错码（海明码），由 2 的幂次方号磁盘存储校验纠错数据，其余磁盘存储原数据。与 RAID1 相比，RAID2 原数据只需要条块化写入一次，提高了存储效率；与 RAID0 相比，RAID2 可校验数据，一定程度上可以进行数据的纠错与修复，提高了安全性。

RAID3 需要 3 块以上磁盘，在数据以位或字节为单位进行条块化存储的同时生成奇偶校验码，由 1 块磁盘存储校验数据，其余磁盘存储原数据。RAID3 与 RAID2 最大的不同是其校验数据用更简单的奇偶校验码取代了海明码，提高读写速度的同时，减小了校验数据的体积，可以使更多的磁盘用来存储原数据（图 4-4）。

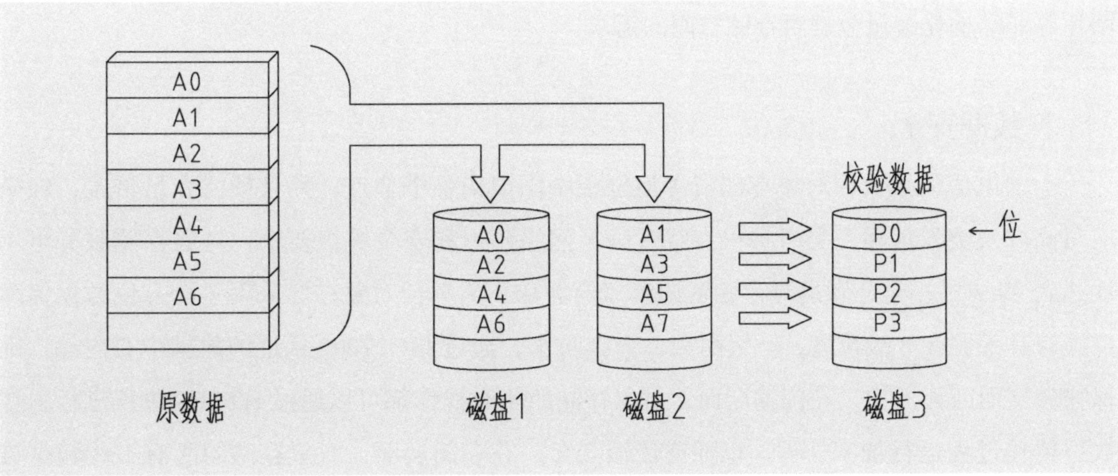

图4-4　RAID3存储原理示意图

RAID4 与 RAID3 相似，但略有不同：RAID3 的条块化单位为位或字节，而 RAID4 的条块化单位显著增大，一般为 2 的 N 次方个扇区。条块化单位的增大，使小文件在存取时不必再以位或字节为单位进行拆分和组合，提高了小文件的存取速度。

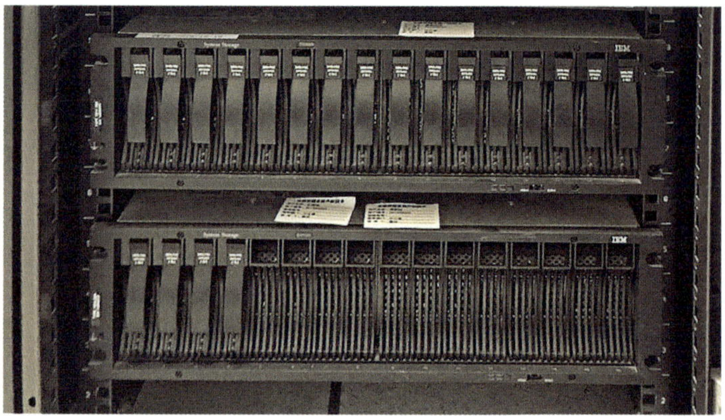

图4-5　项目组搭建的磁盘阵列

RAID5 需要 3 块以上磁盘，在数据条块化存储的同时生成奇偶校验码，校验数据分散写入各磁盘。RAID2、RAID3 和 RAID4 的校验数据都存储在 1 块磁盘，校验盘读写压力较大，容易达到性能瓶颈，而 RAID5 分散存储校验数据的做法解决了这一问题。

综合考虑效率、安全性、成本等因素，项目组使用 20 块 2TB 硬盘搭建 RAID3 磁盘阵列，用于数据存储备份（图 4-5）。

（三）云存储

云存储是一种基于云计算技术形成的存储模式，用户可通过网络将数据存储至服务商搭建的对象存储空间中。

数字化项目选择中国电信天翼云作为云存储服务的供应商，目前租用对象存储空间 40T，用于存储项目获取的全部数据。云存储具有以下特点：

1. 可扩展容量

云存储服务基于 DHT（Distributed Hash Table，分布式哈希表）实现，其特点在于很低的读写延迟和几乎无限大的扩展性，而几乎无限大的扩展性满足了存储音频、视频和影像图片等非结构化海量数据对存储空间的需求。

2. 数据安全

中国电信天翼云的对象存储资源池位于中国电信骨干节点，并且预留充足带宽，轻松应对高峰及突发流量。另可提供专线，满足网络延迟和安全等级要求，对象存储服务可用性达到 99.95%，充分满足对存储资源读写的需求。天翼云对象存储采用了全方位数据保障措施，其部署在 8 级抗震、一级耐火、一级防水、通过 ISO27001 认证的数据中心内部，确保物理层面万无一失；在传输层面，对象存储的所有操作都可以通过 HTTPS 协议进行，在数据传输过程进行加密处理，以保证传输安全；在存储层面，对象存储的所有上传数据被分片存储在不同的节点、不同的磁盘，任何节点或磁盘失效，均不影响系统的正常运行；

对象存储提供不同级别的冗余方式，支持多副本冗余和纠删码冗余，并且可以对每个对象单独指定，对于重点保护数据可选择高等级的数据冗余方式以保证数据的安全，对于数据保护级别要求不高的数据可使用普通的冗余方式。

3. 云存储接入带宽

云存储采用全分布式架构，吞吐量高，不再有机头瓶颈，10GE/FCoE 并发支持，带宽是传统 SAN 的 10 倍以上。全局范围分散 IO 压力，读写速度高达 100MB/s 以上。

目前项目使用一条 20M 的 STN 云专线，接入到本地数据中心的防火墙设备上，以实现通过本地内网与云资源池之间直接进行传输和交互。

第二节
河北省文物保护单位数字化项目数据的展示利用

为实现项目数据的高效利用，项目组先后建立了河北省文物建筑数字存储系统和河北省文物保护单位数字化平台。河北省文物建筑数字存储系统主要为适应古建筑类文物保护单位数据而搭建，仅为数据存储内部使用，不与互联网接通。2019 年项目组对河北省文物建筑数字化存储系统进行升级改造，建立河北省文物保护单位数字化平台，以适应所有类型文物保护单位的数据存储和展示，并将系统接入互联网，以实现数据更新、分析、评估等功能。

一、平台部署

（一）服务端

河北省文物保护单位数字化平台服务端部署在中国电信天翼云，共有虚拟服务器 4 台。其中，数据库服务器用于存储平台的结构性数据，数据库版本型号为 sqlserver 2017；应用服务器用于运行河北省文物保护单位数字化平台程序，平台使用 JAVA 语言开发；WEB 服务器用于数据平台的日常维护，登录此台服务器后才可访问其他服务器，确保访问安全；网关服务器部署了访问对象存储的服务，为其他服务器进行对象存储的操作提供支撑。配置见表 4-2。

（二）网络结构

平台向不同级别用户提供多种网络访问途径，如数字化项目组可通过云专线访问，其他用户可通过互联网访问（图4-6）。

表4-2　河北省文物保护单位数字化平台服务器情况表

名称	数量	配置
数据库服务器	1台	4核32G，500G(SAS)数据盘
应用服务器	1台	4核32G，500G(SAS)数据盘
WEB 服务器	1台	2核16G，300G(SAS)数据盘
网关服务器 (部署存储网关)	1台	8核64G，100G(SSD)数据盘 2T(SAS)数据盘，网卡一块

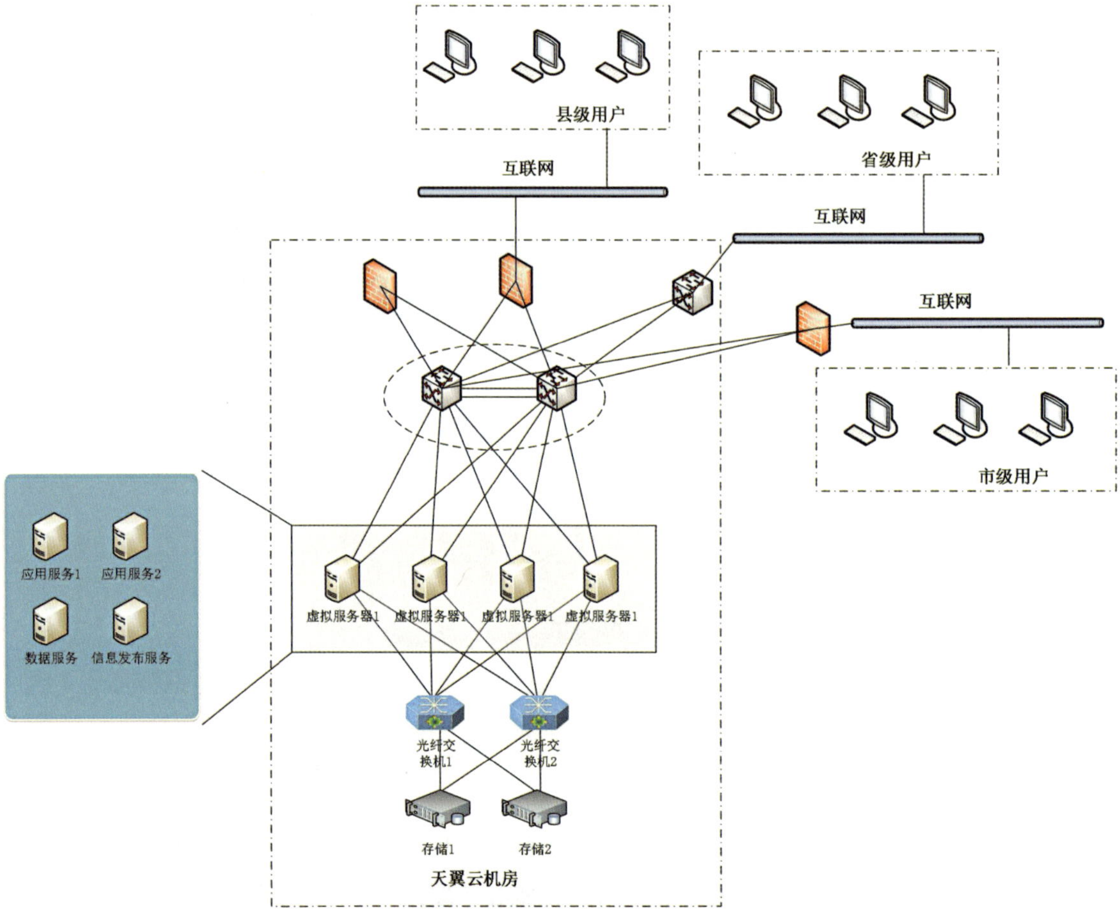

图4-6　网络结构示意图

二、平台架构

河北省文物保护单位数字化平台分为查询统计、后台管理和公众门户三个模块（图4-7、图4-8）。

（一）查询统计

查询统计模块为各级文物管理部门进行数据查询和统计的系统，包括技术数据和统计分析两个数据单元（图4-9）。

1. 技术数据

数字化工作取得的各项数据成果经过筛选整理，通过技术数据模块展示。技术数据以每处文物保护单位为一个基本单元，其中包括基础数据库、管理数据库、现状数据库和年度报告数据库四个数据库。各数据库默认展示全部数据，用户也可通过年份筛选功能查看指定年度的数据（图4-10）。

（1）基础数据库

用以展示与文物保护单位相关的记录档案、工程资料、研究成果等文档数据，展示方式为pdf格式文档。

图4-7　河北省文物保护单位数字化平台首页

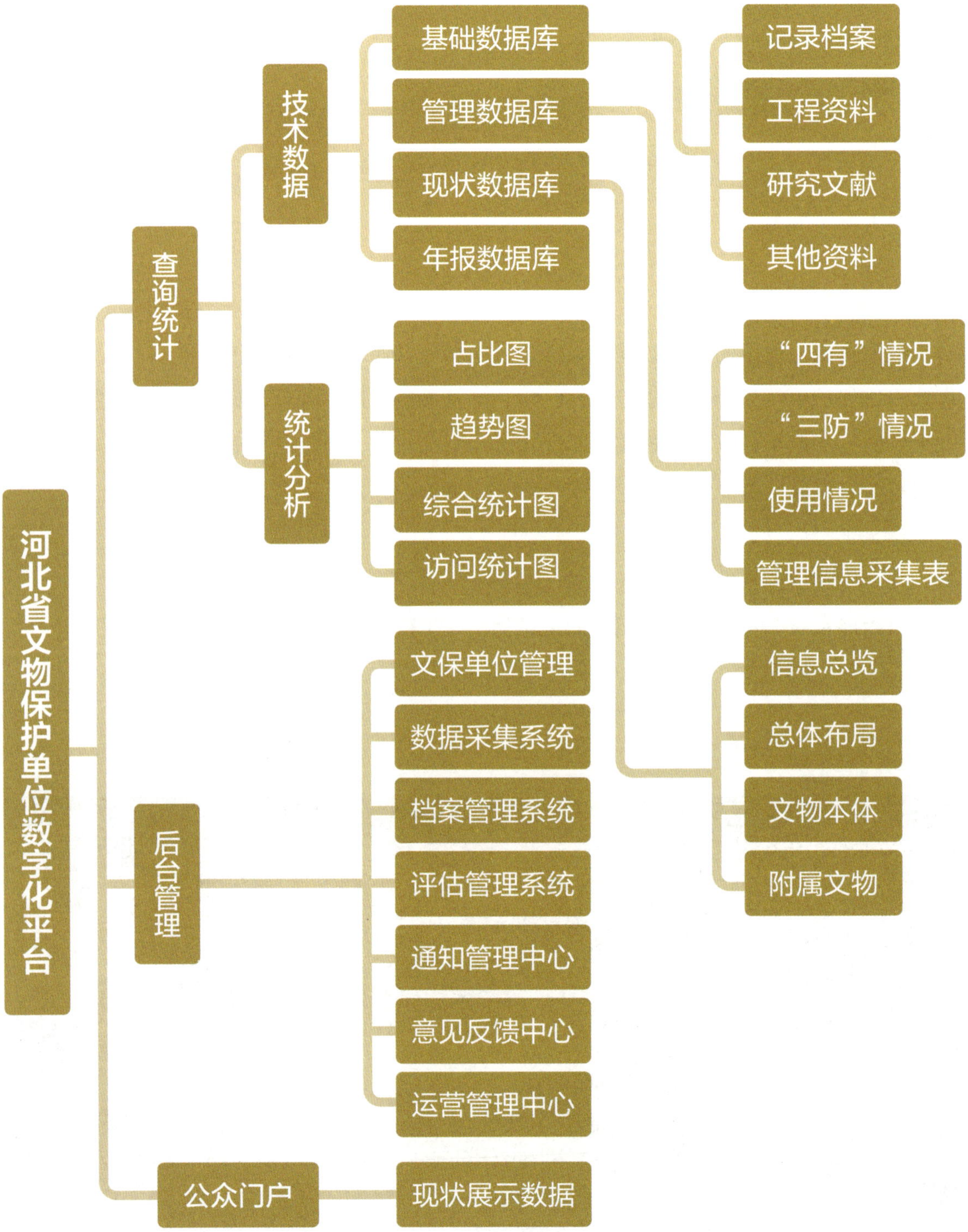

图4-8 河北省文物保护单位数字化平台架构示意图

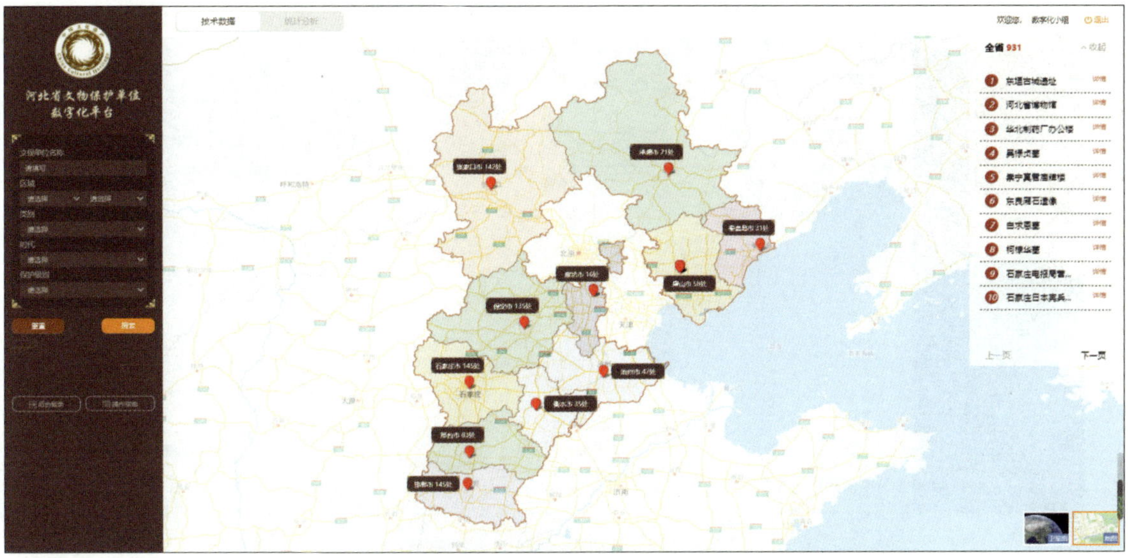

图4-9　查询统计

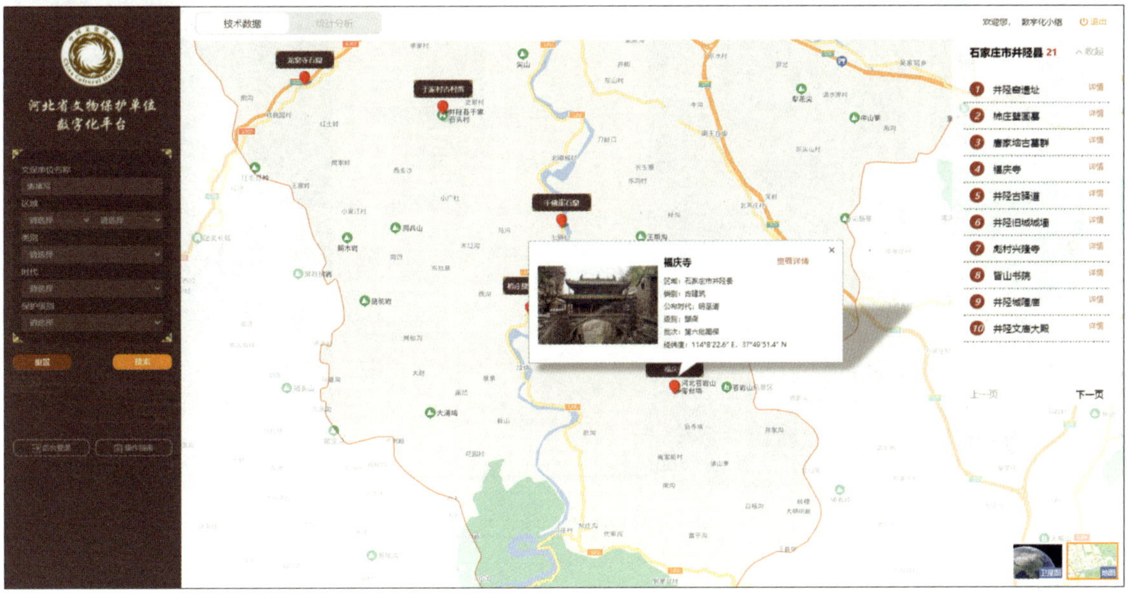

图4-10　技术数据

记录档案　通过文字表格列出文档信息，用户可对相关 pdf 格式文档进行在线预览及下载（图 4-11、图 4-12）。

工程资料　通过文字表格列出文档信息，用户可对相关 pdf 格式文档进行在线预览及下载（图 4-13）。

研究文献　通过文字表格列出文档信息，用户可对相关 pdf 格式文档进行在线预览及下载（图 4-14）。

其他资料　通过文字表格列出文档信息，用户可对相关 pdf 格式文档进行在线预览及

图4-11 基础数据库-记录档案

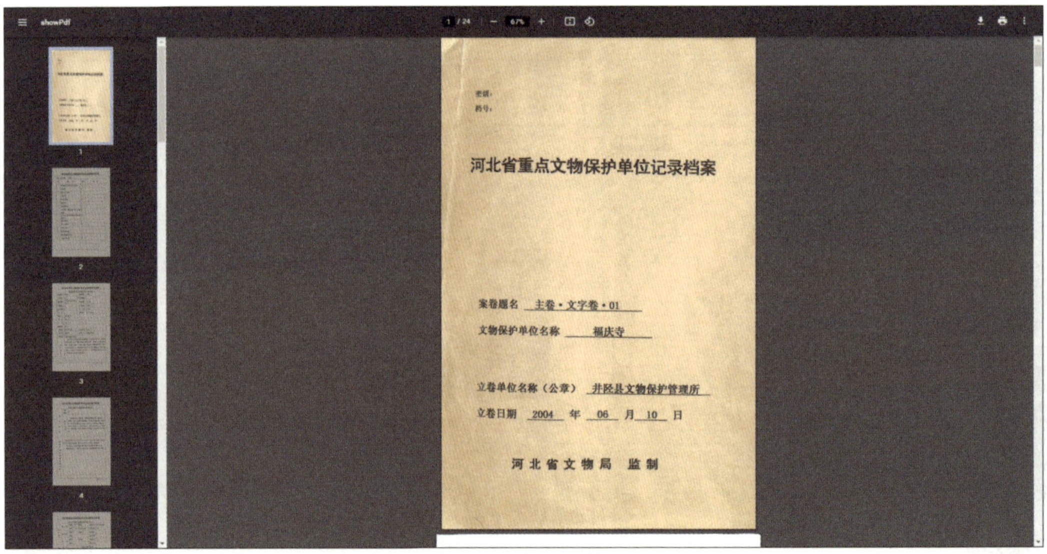

图4-12 电子文档在线预览

图4-13 基础数据库-工程资料

下载（图 4-15）。

（2）管理数据库

用以展示文物保护单位的“四有”情况、“三防”情况、使用情况等管理信息，展示方式有图片、文字说明等。“四有”情况和“三防”情况存在问题时进行备注提示，体现在年度报告和统计分析板块。

“四有”情况　通过文字说明文物保护单位的记录档案情况，有记录档案时可链接至基础数据库进行查看，无记录档案时进行备注提示；通过图片和文字展示文物保护单位的

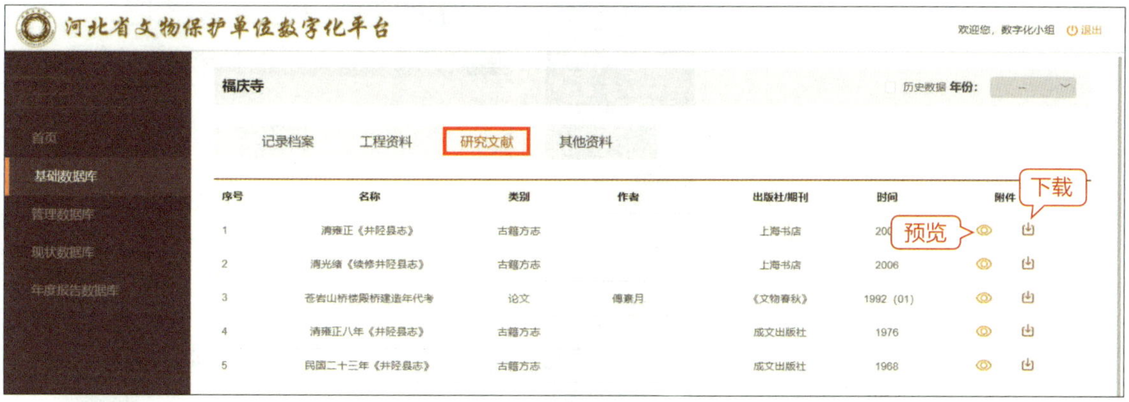

图4-14　基础数据库-研究文献

图4-15　基础数据库-其他资料

保护区划情况，无保护区划或区划不合理时进行备注提示；通过图片展示文物保护单位的保护标志情况，无保护标志或标志存在问题时进行备注提示；通过表格展示文物保护单位的管理机构情况，无管理机构或机构存在问题时进行备注提示（图 4-16）。

“三防”情况　通过图片展示文物保护单位的监控设施、避雷设施、消防设施和用电设施情况，存在问题时进行备注提示（图 4-17）。

使用情况　通过文字表格展示文物保护单位的所有权、使用人、使用方式等情况（图 4-18）。

管理信息采集表　通过 pdf 格式文件展示管理信息采集过程中填写的原文件（图 4-19）。

（3）现状数据库

用以展示文物保护单位的总体布局、文物本体、附属文物的现状情况，展示方式有图片、文字、视频、VR 全景、三维视频等。

信息总览　通过图片展示文物保护单位的代表性文物，并辅以文字说明（图 4-20）。

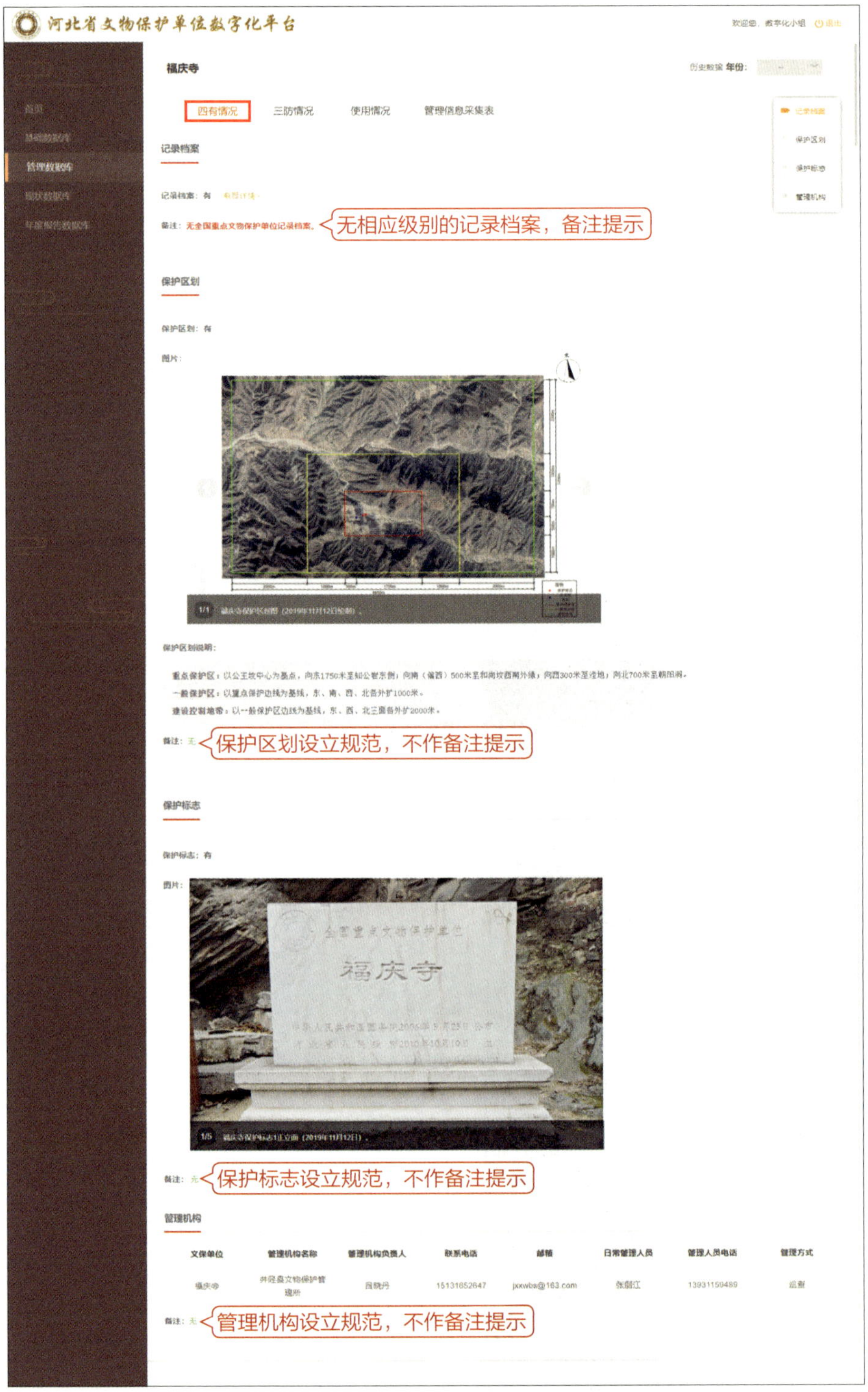

图4-16　管理数据库-“四有”情况

总体布局　通过图片、视频和 VR 全景等展示文物保护单位的总体情况（图 4-21 ~图 4-23）。

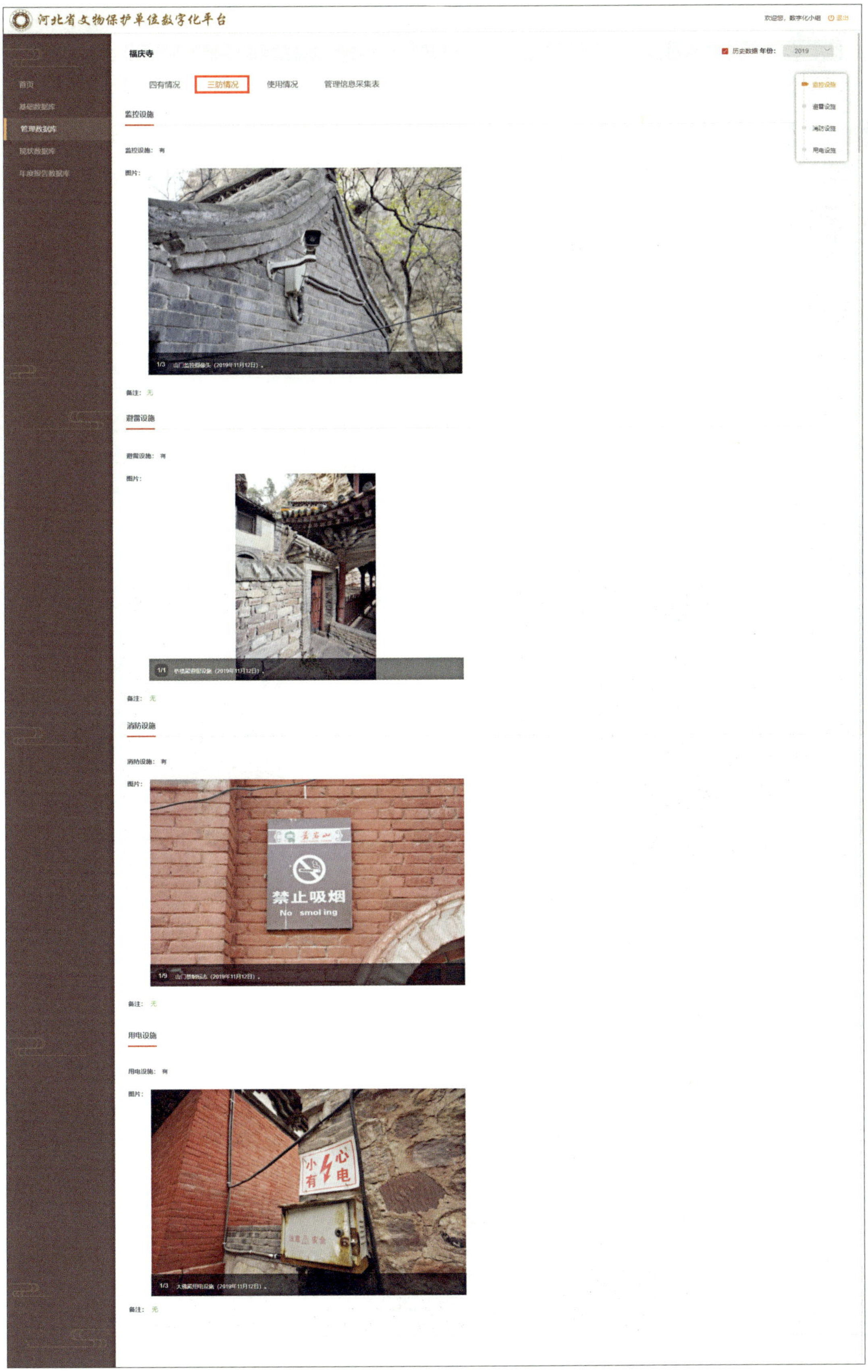

图4-17　管理数据库-“三防”情况

图4-18　管理数据库-使用情况

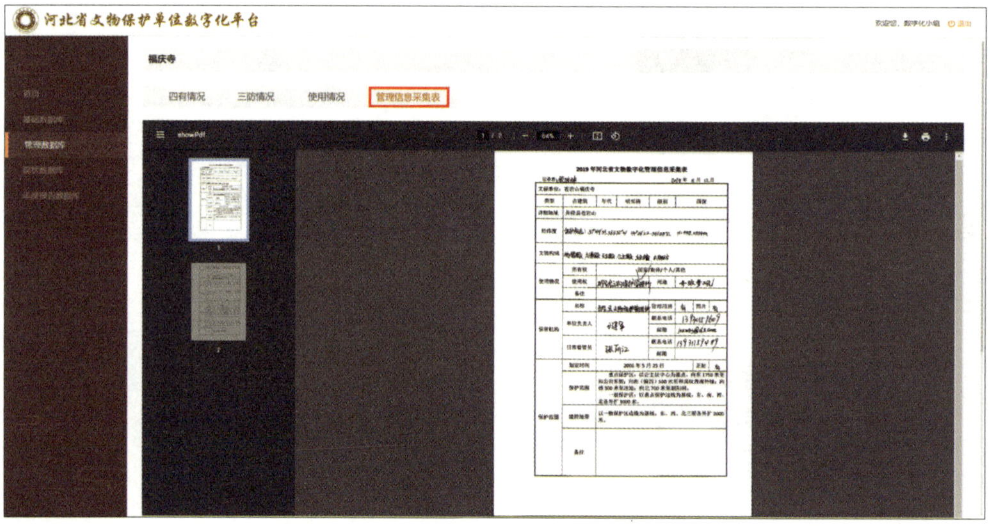

图4-19　管理数据库-管理信息采集表

图4-20　现状数据库-信息总览-图片

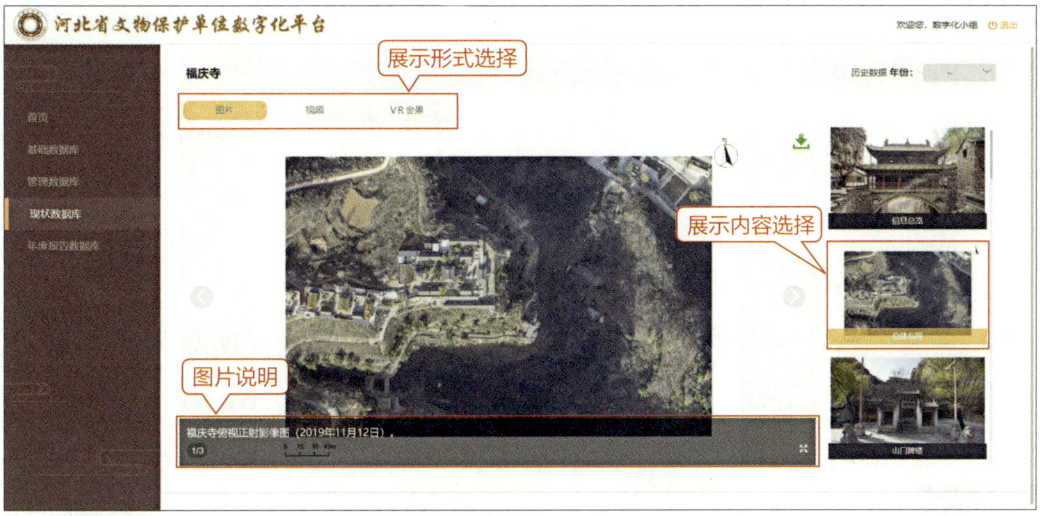

图4-21　现状数据库-总体布局-图片

图4-22　现状数据库-总体布局-视频

图4-23　现状数据库-总体布局-VR全景

文物本体 通过图片、三维模型视频等展示文物保护单位的各个文物构成的情况（图 4-24、图 4-25）。

附属文物 通过图片、三维模型视频等展示文物保护单位附属文物的情况（图 4-26、图 4-27）。

（4）年度报告数据库

系统根据录入平台的基础数据、管理数据和现状数据自动生成年度报告，展现文物保

图4-24 现状数据库-文物本体-图片

图4-25 现状数据库-文物本体-三维视频

护单位的各年度数据状况，并对“四有”和“三防”等管理存在问题的单位进行备注提示（图 4-28）。

2. 统计分析

统计分析模块通过占比图、趋势图、综合统计图、访问统计图等形式对文物保护单位信息和平台访问情况进行统计展示。

占比图　分类别、分区域、分级别、分时代统计展示文物保护单位的数量占比以

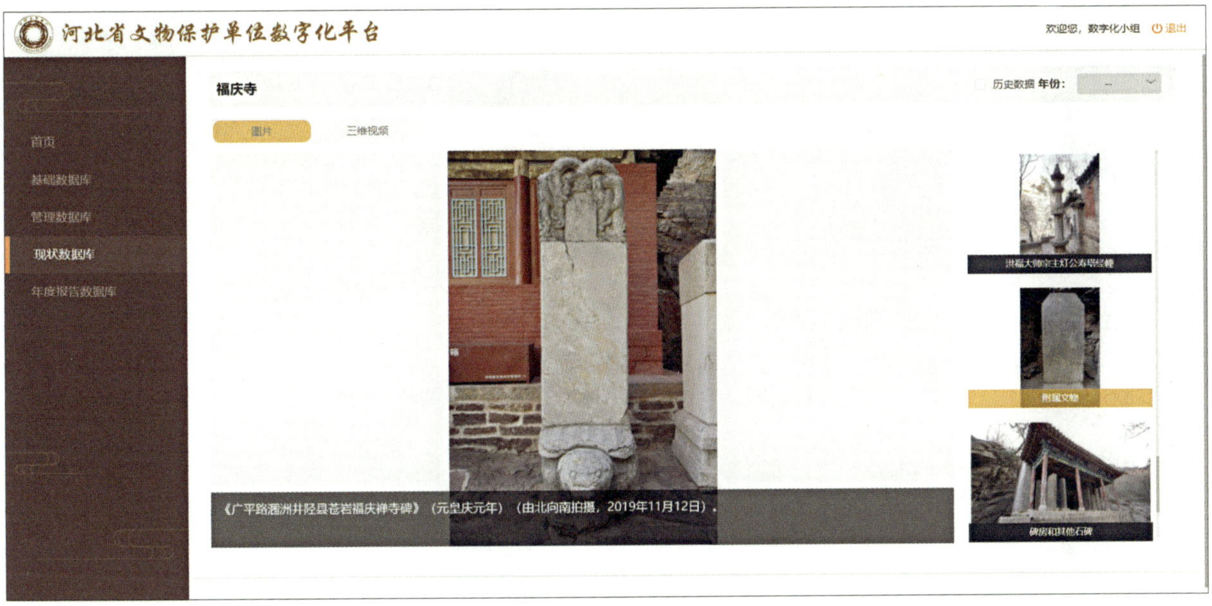

图4-26　现状数据库-附属文物-图片

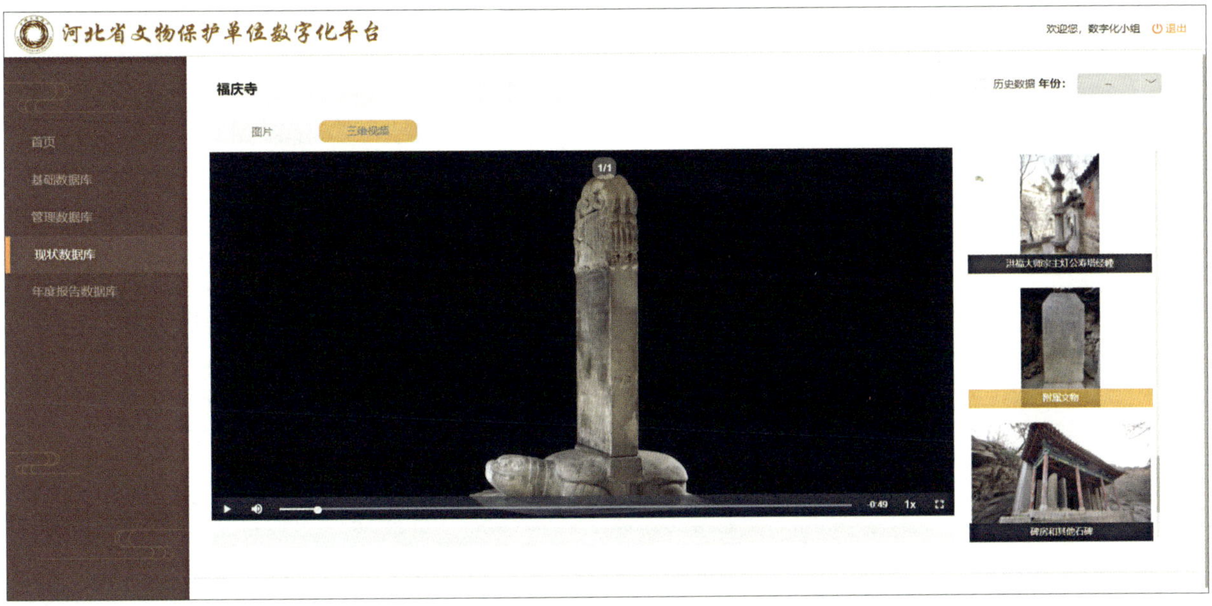

图4-27　现状数据库-附属文物-三维视频

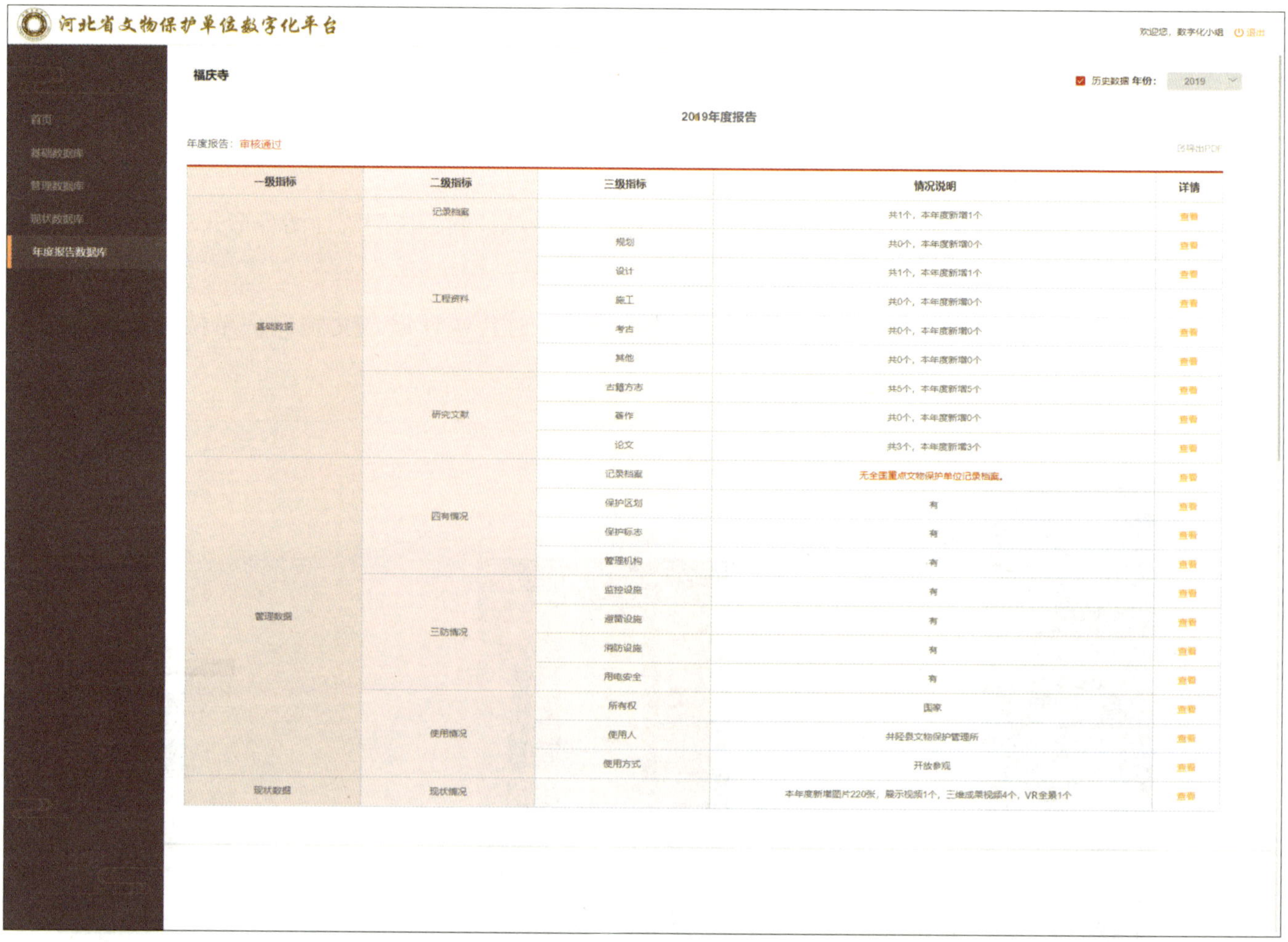

图4-28　年度报告数据库

及各年度的管理预警状况。用户可根据需求导出管理状况存在问题的文物保护单位名单（图 4-29）。

趋势图　分类别、分区域、分级别、分时代统计展示文物保护单位的数量变化以及管理状况变化趋势。用户可根据需求导出相应数据形成的折线图（图 4-30）。

综合统计图　对文物保护单位的基本情况（类别、区域、级别、时代）和管理情况（“四有”情况、“三防”情况、使用情况）进行综合统计展示。用户可根据需求导出符合筛选条件的文物保护单位名单（图 4-31）。

访问统计图　对平台的总访问量、各页面的点击量和停留时间、终端设备、登录情况、访问地域等情况进行统计展示（图 4-32）。

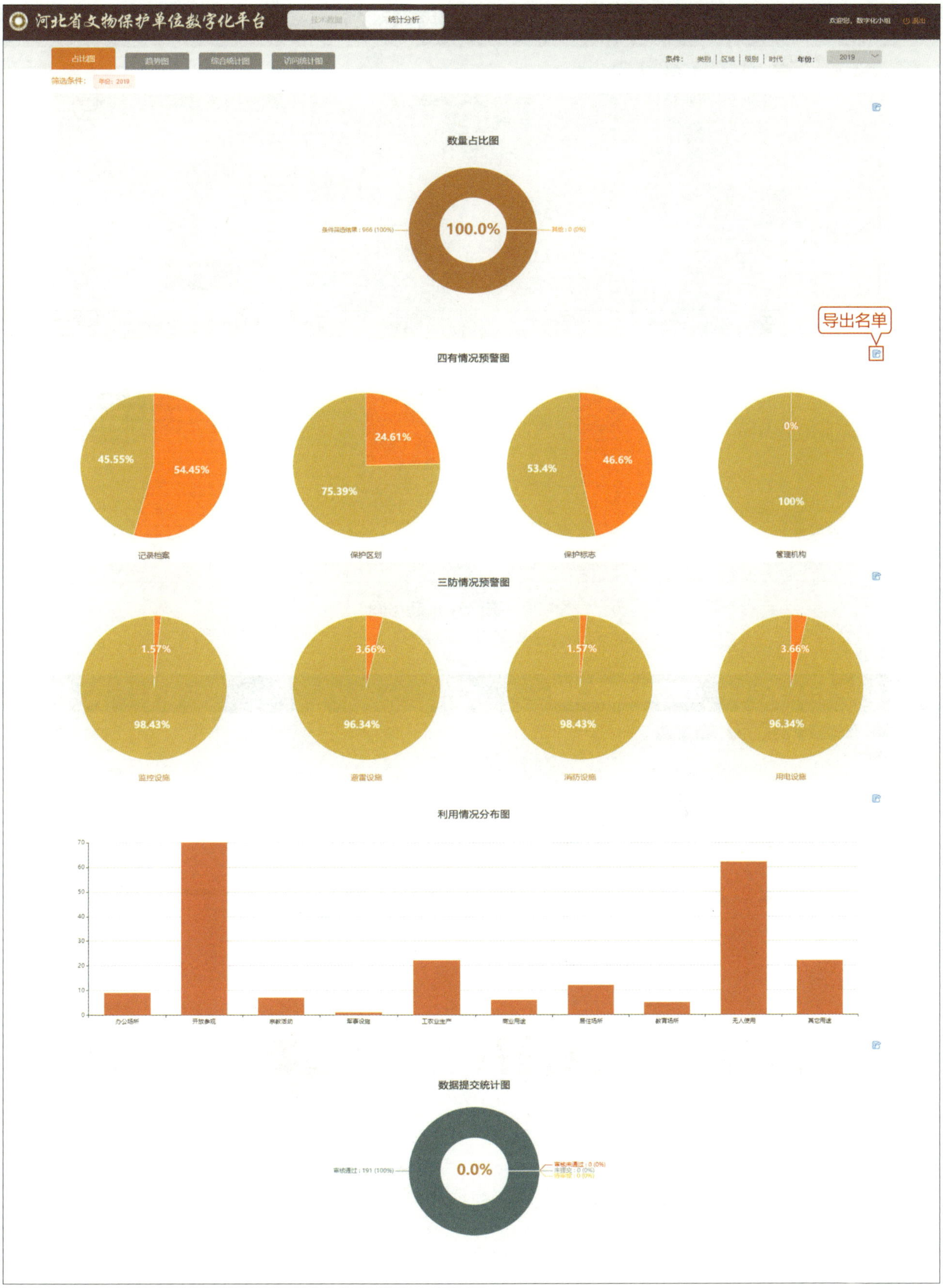

图4-29　统计分析-占比图

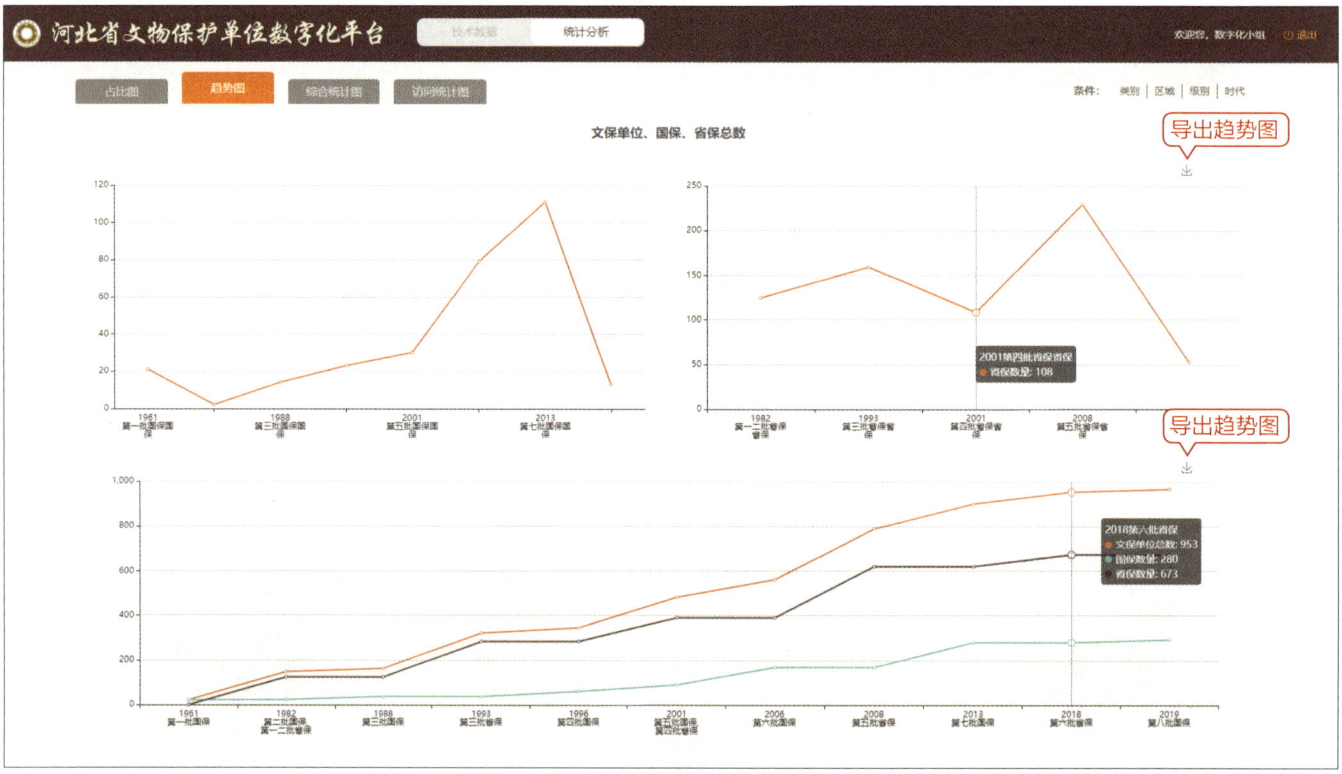

图4-30　统计分析-趋势图

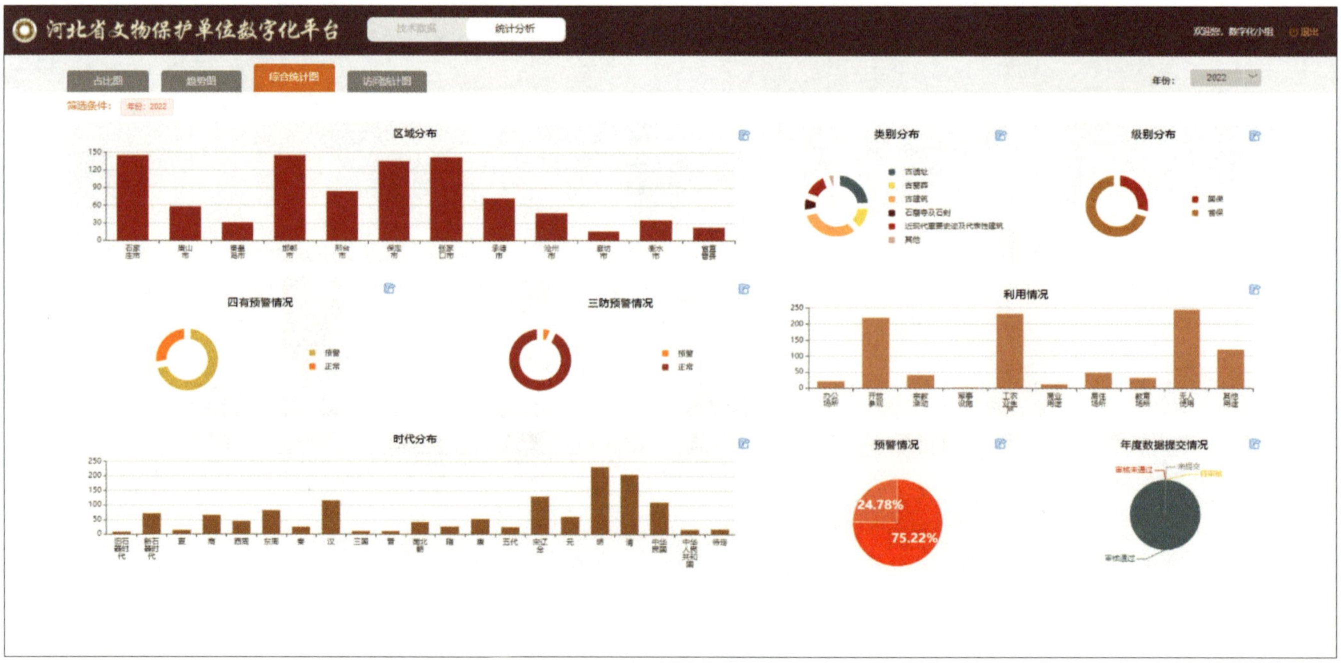

图4-31　统计分析-综合统计图

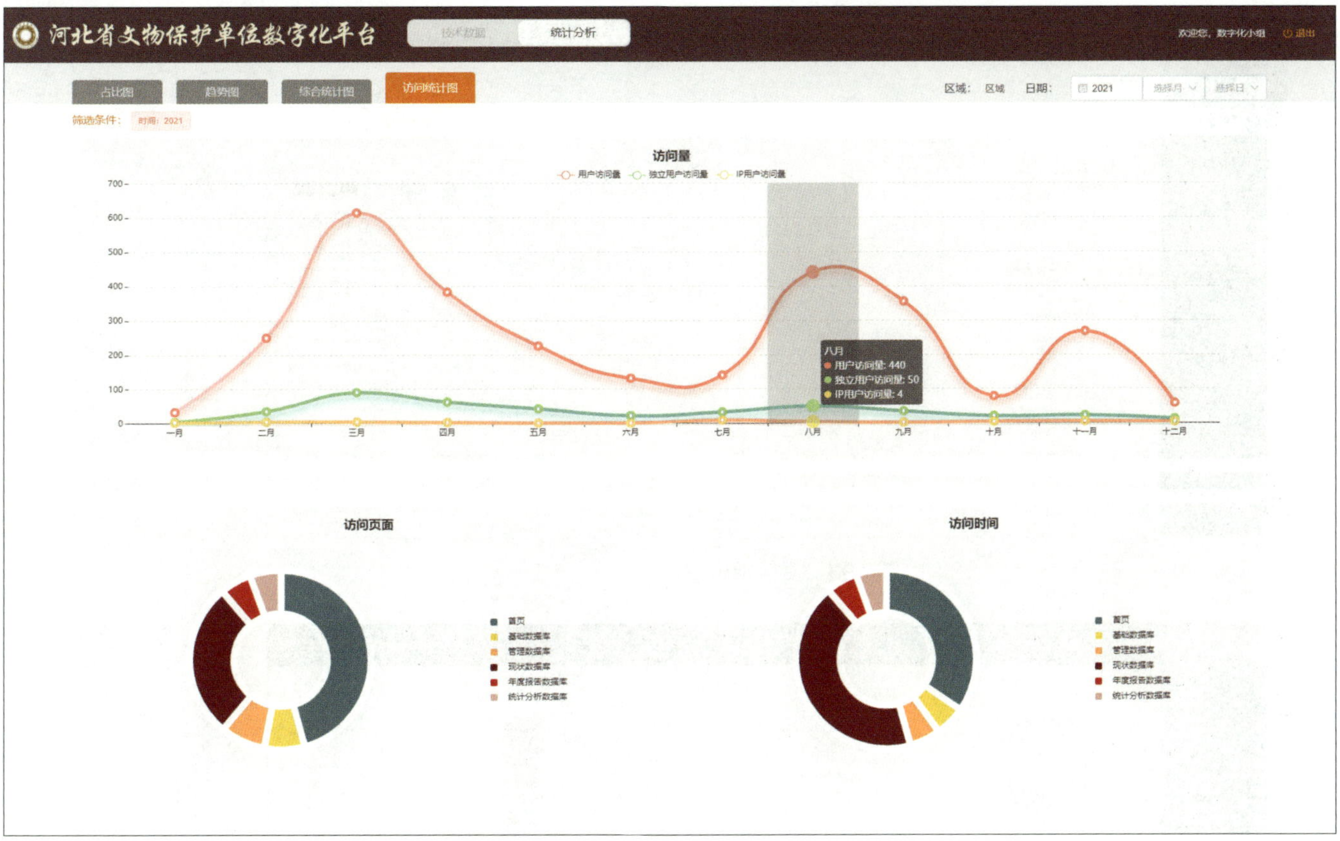

图4-32　统计分析-访问统计图

（二）后台管理

后台管理模块为用户进行数据上传、管理员进行平台维护的后台系统。包括文物保护单位管理、数据采集系统、档案管理系统、评估管理系统、通知管理中心、意见反馈中心、运营管理中心等子系统。

1. 文保单位管理

用以对文物保护单位的设置进行操作管理，可新建或删除文物保护单位，以及对文物保护单位的各项基本信息进行录入修改（图 4-33）。

2. 数据采集系统

为数字化项目组和各级文物部门进行数据上传的入口。各类数据文件可单独手动上传，也可经整理后打包批量上传（图 4-34）。

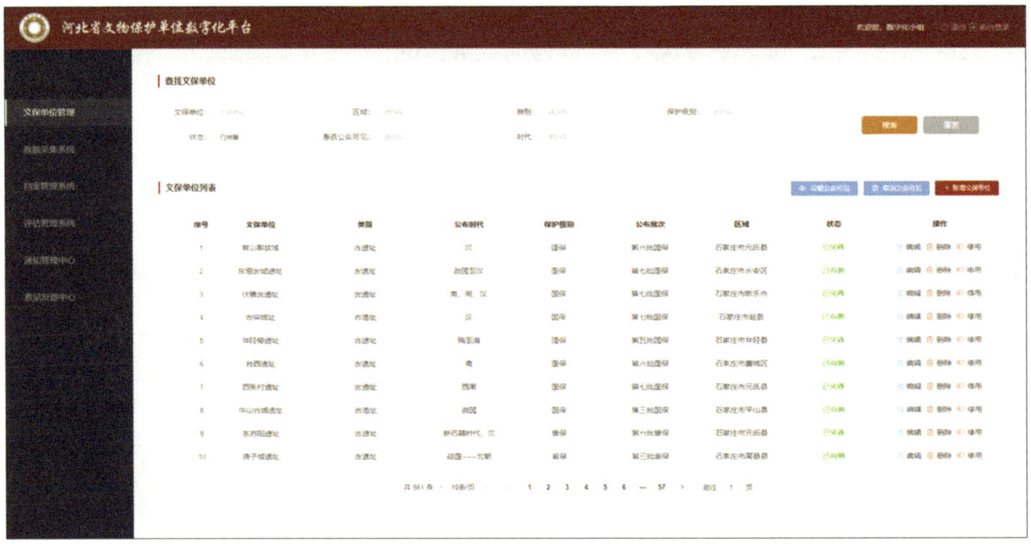

图4-33　文保单位管理

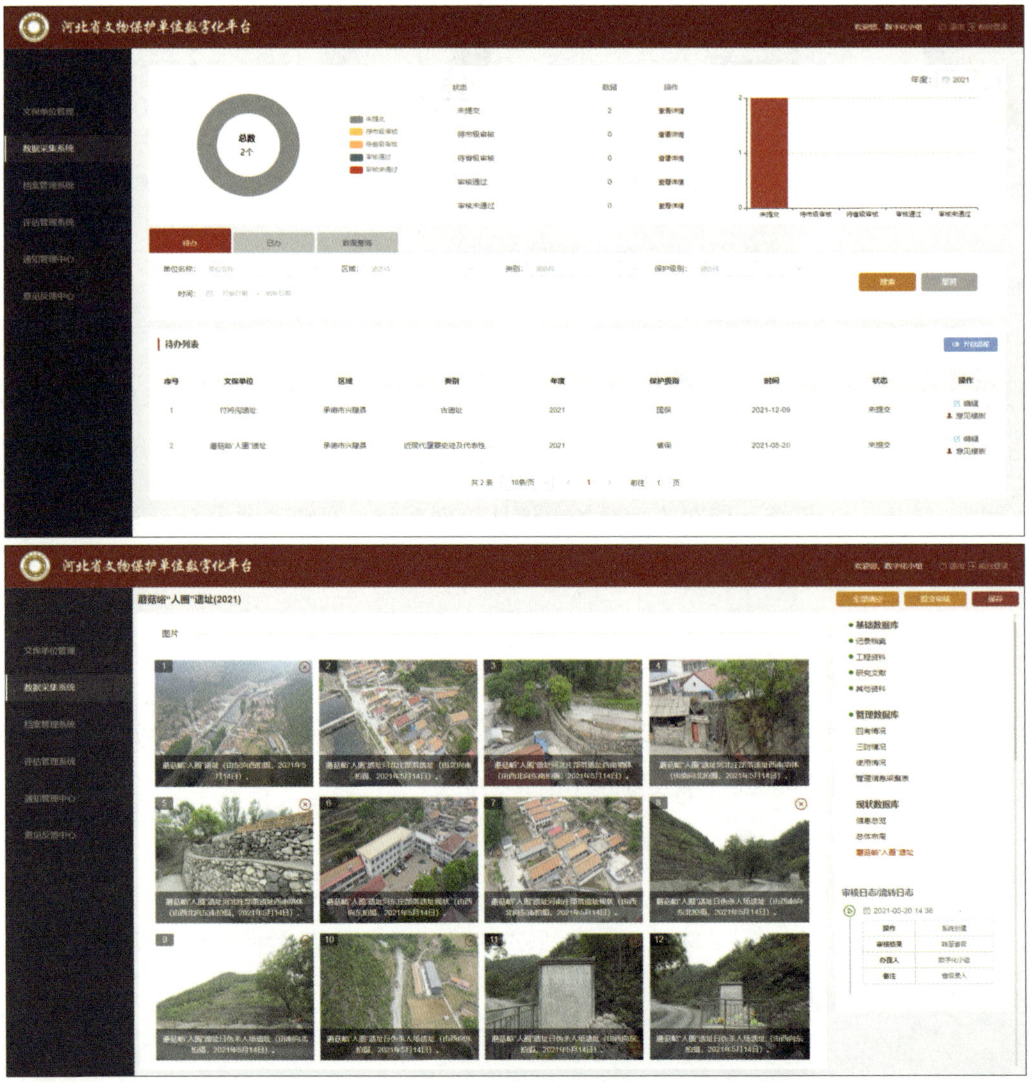

图4-34　数据采集系统

3. 档案管理系统

为各类数据文件的存储库。经由数据采集系统上传的数据最终存储于档案管理系统，用户可根据需要进行数据搜索和下载（图 4-35）。

4. 评估管理系统

为基础数据、管理数据和现状数据设置评估条件，用以生成年度报告。当前的评估设定为：对基础数据、现状数据以及使用情况不进行评估；仅对管理数据的“四有”情况（记录档案、保护区划、保护标志、管理机构）和“三防”情况（监控设施、避雷设施、消防设施、用电设施）进行评估，如出现问题则进行提示、预警（图 4-36）。

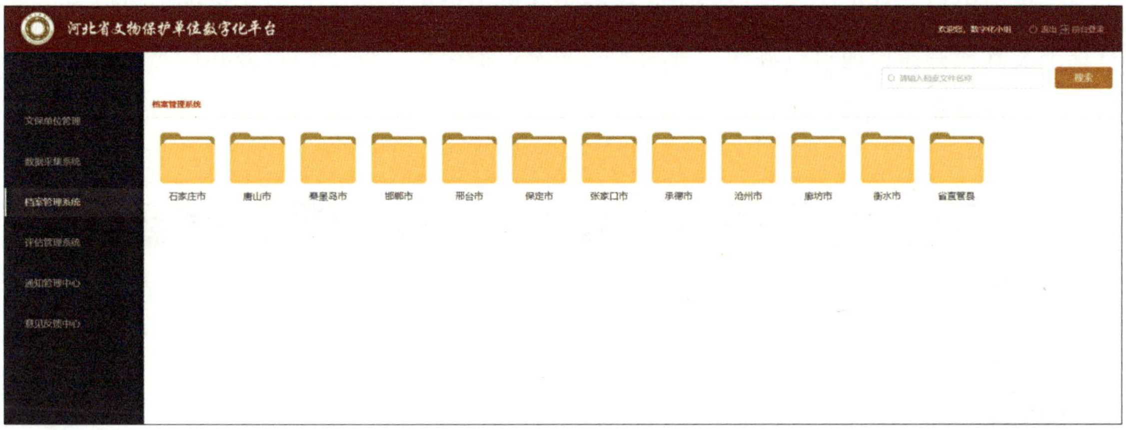

图4-35　档案管理系统

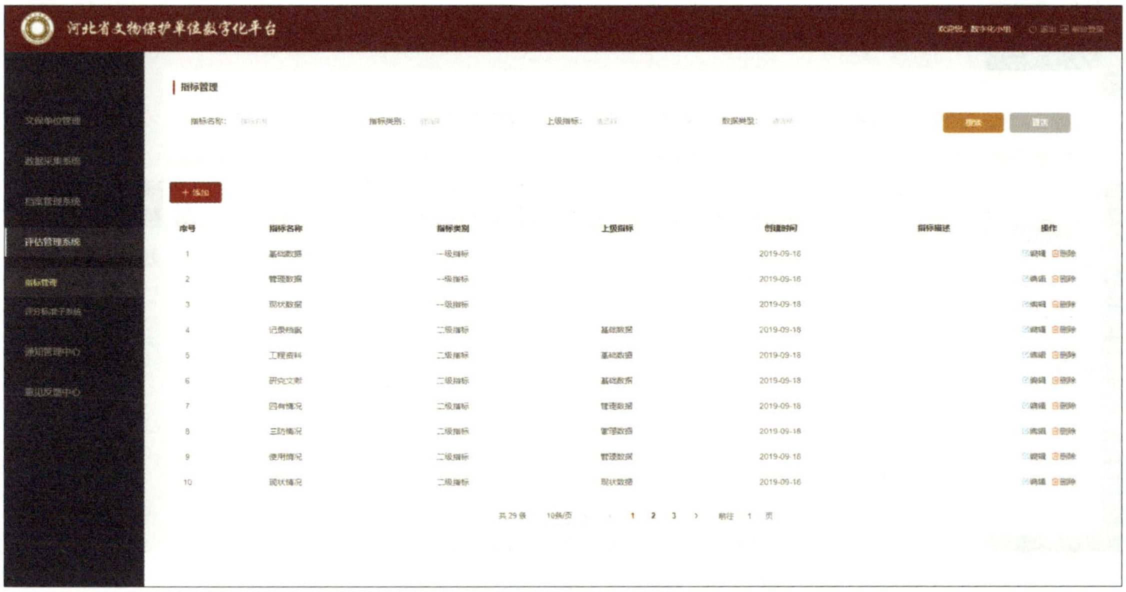

图4-36　评估管理系统

5. 通知管理中心

为发送和阅读通知的窗口系统。管理员通过通知管理中心发送系统维护等通知，用户在通知管理中心阅读通知（图 4-37）。

6. 意见反馈中心

为发送和阅读意见的窗口系统。用户通过意见反馈中心发送意见反馈，以促进数据平台的升级、完善（图 4-38）。

7. 运营管理中心

包括用户管理和资源库管理等功能。管理员可通过用户管理功能为项目组用户、省级用户、市级用户、县级用户等设置不同权限，各级用户可对辖区内的文物保护单位数据进行查询及其他操作；通过资源库管理为各个文物保护单位的数据设置公开性，确定数据资源是否对公众公开（图 4-39）。

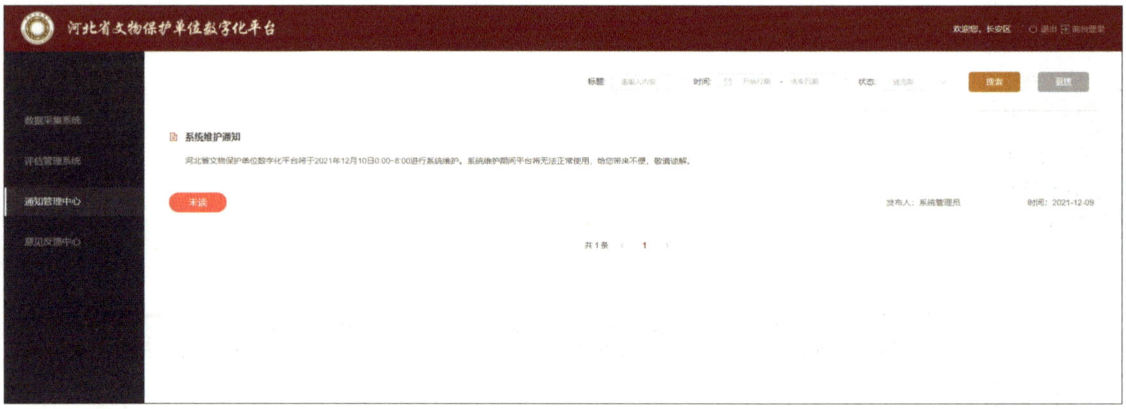

图4-37　通知管理中心

图4-38　意见反馈中心

（三）公众门户

主要为公众提供文物保护单位现状信息的浏览服务，另外附加文保要闻、工作动态、通知公告、管理单位、法律法规等内容（图 4-40）。

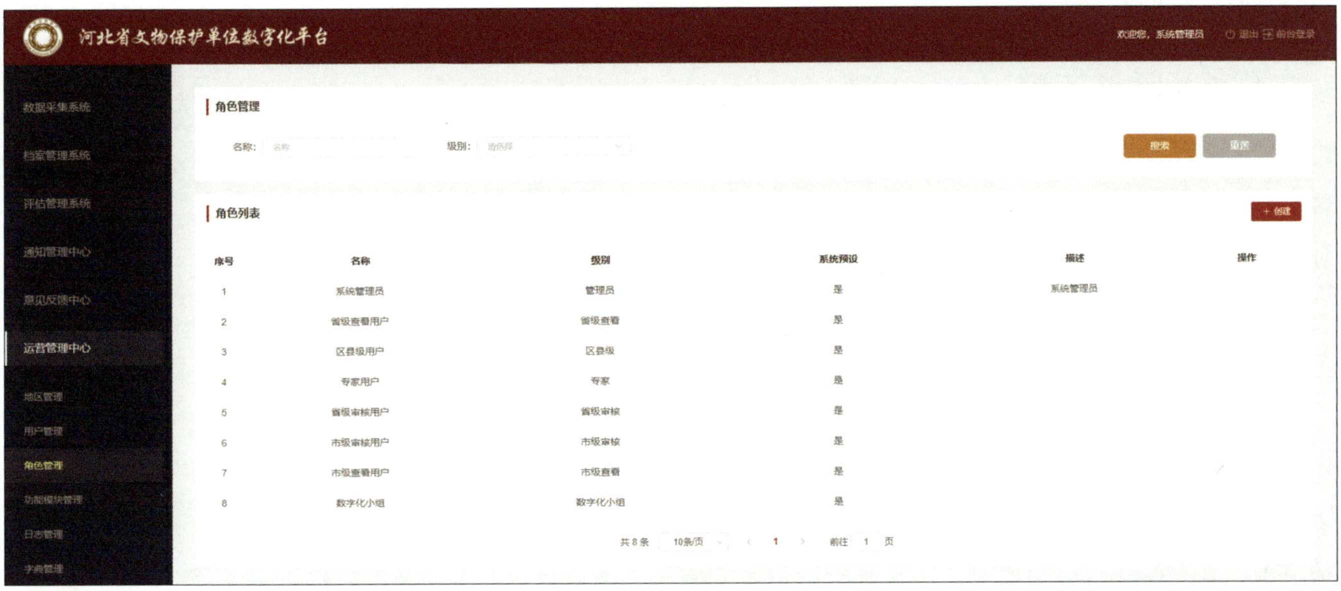

图4-39　运营管理中心

图4-40　公众门户

三、平台应用

（一）成果展示

河北省文物保护单位数字化平台是展示河北省文物保护单位数字化项目成果的重要系统。各级文物保护部门可以通过平台的技术数据板块查看数字化工作获取的整理数据，了解文物保护单位的文档记录、使用管理机构、保存现状等情况。普通公众可通过公众门户板块查看文物保护单位现状信息。

（二）监督预警

河北省文物保护单位数字化平台是联动省、市、县三级进行文物管理监督的警示器。各级文物部门可以通过平台的统计分析板块获取辖区内文物保护单位的各类统计信息，尤其是管理预警信息，可根据预警信息及时布署、调整相关工作。

（三）数据更新

河北省文物保护单位数字化平台是实现文物保护单位数据不断积累、更新的重要数据平台。随着数字化项目的告竣，河北省文物保护单位的第一轮数据全面采集录入工作已完成。为实现数据的不断补充更新，平台在设计中着重考虑了相关设置，形成“1+11+N”的省、市、县三级数据管理模式：由各县级用户通过数据采集系统定期上传数据，经市级文物部门及省级文物部门审核通过，形成各年的动态数据。各级文物部门可在数据采集和审核过程中了解文物保护单位的最新保存状况，并通过年度报告和统计分析的“四有”、“三防”预警功能了解辖区内文物保护单位的管理状况。各级文物保护部门每年更新上传数据，不仅丰富了展示内容，更有助于强化长效的层级监管机制，全面提升文物展示利用和管理监督水平，促进文物事业的发展。

第三节
河北省文物保护单位数字化项目数据在其他项目中的应用

河北省文物保护单位数字化项目获取的海量数据已广泛应用于当前的文物保护工作中。除录入河北省文物保护单位数字化平台进行系统化利用外，成果数据在其他一些文物保护项目中也发挥了重要的价值。

一、北岳庙德宁之殿、御香亭、凌霄门、三山门、东大碑楼局部修缮工程

北岳庙位于河北省保定市曲阳县恒州镇，始建于北魏，规模宏大，中轴线上有御香亭、凌霄门、三山门、德宁之殿等建筑，其中德宁之殿为我国现存最大的元代木构建筑。1982 年，北岳庙被公布为第二批全国重点文物保护单位。2018 年至 2021 年，河北省文物保护单位数字化项目对北岳庙进行了多次数字化采集，形成了较为详细完整的数据资料。

2020 年，河北省文物与古建筑保护研究院受曲阳县文化文物旅游局委托对北岳庙部分建筑进行了勘察、测绘，编制了《北岳庙德宁之殿、御香亭、凌霄门、三山门、东大碑楼局部修缮工程设计方案》。在设计方案编制过程中，设计人员使用数字化项目采集的正射影像图辅助图纸的绘制工作，提高了绘图效率（图 4-41）。

二、赵州陀罗尼经幢保护修缮工程

赵州陀罗尼经幢位于河北省石家庄市赵县县城内，建于宋景祐五年（1038），通高 16.20 米，是我国现存最高的石经幢，1961 年被公布为第一批全国重点文物保护单位。2019 年，河北省文物保护单位数字化项目对赵州陀罗尼经幢进行了数据采集。

2021 年，河北省文物与古建筑保护研究院受赵县文化广电体育和旅游局委托，对赵州陀罗尼经幢进行全面勘察、测绘，编制了《赵州陀罗尼经幢保护修缮工程设计方案》。在设计方案编制过程中，数字化项目采集的三维扫描点云数据、正射影像图等被广泛应用于测量数据核验和工程图纸绘制等工作中，进一步提高了测量数据的准确性和图纸绘制的效率（图 4-42）。

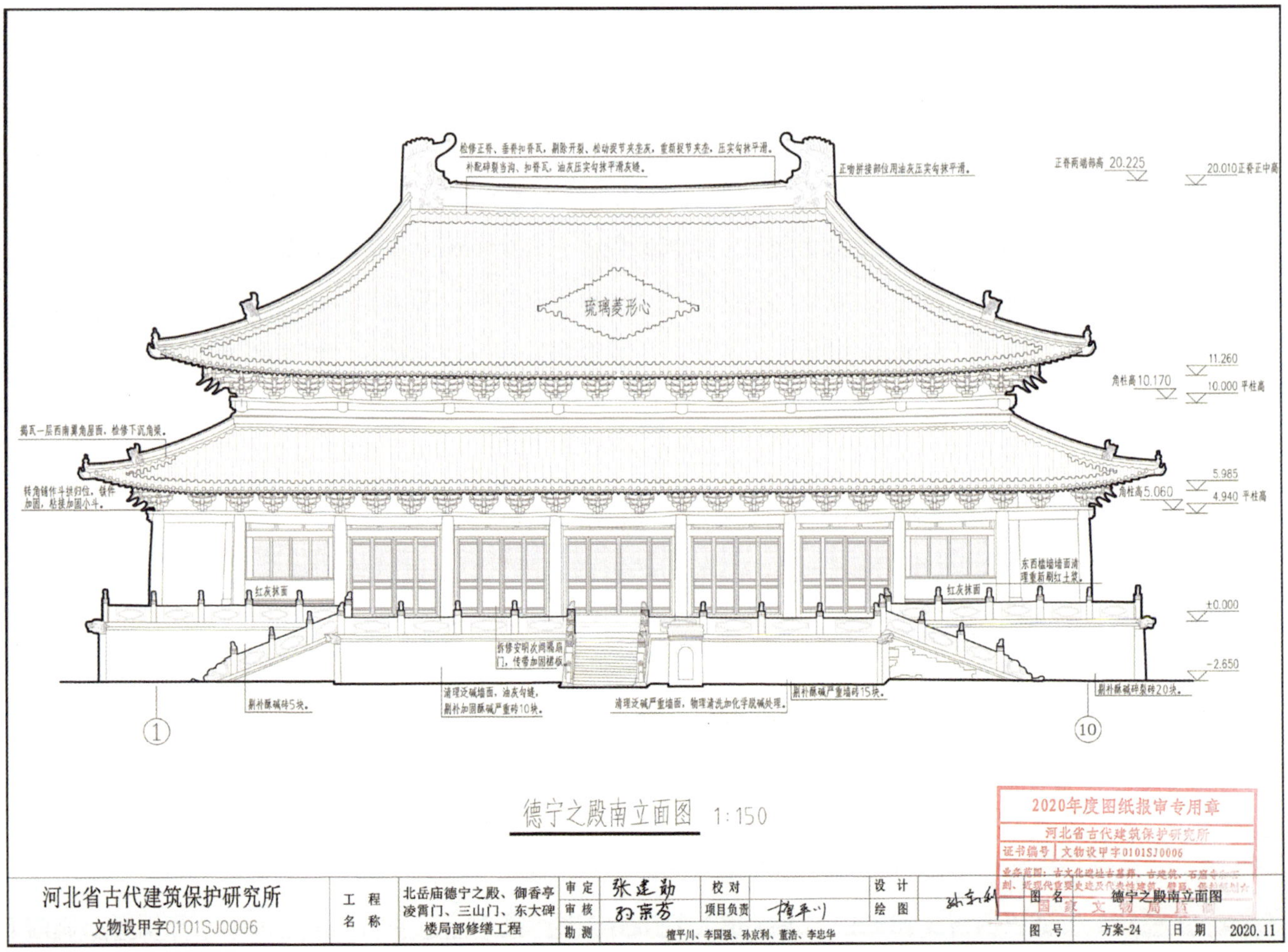

图4-41 北岳庙德宁之殿正射影像图和实测图纸

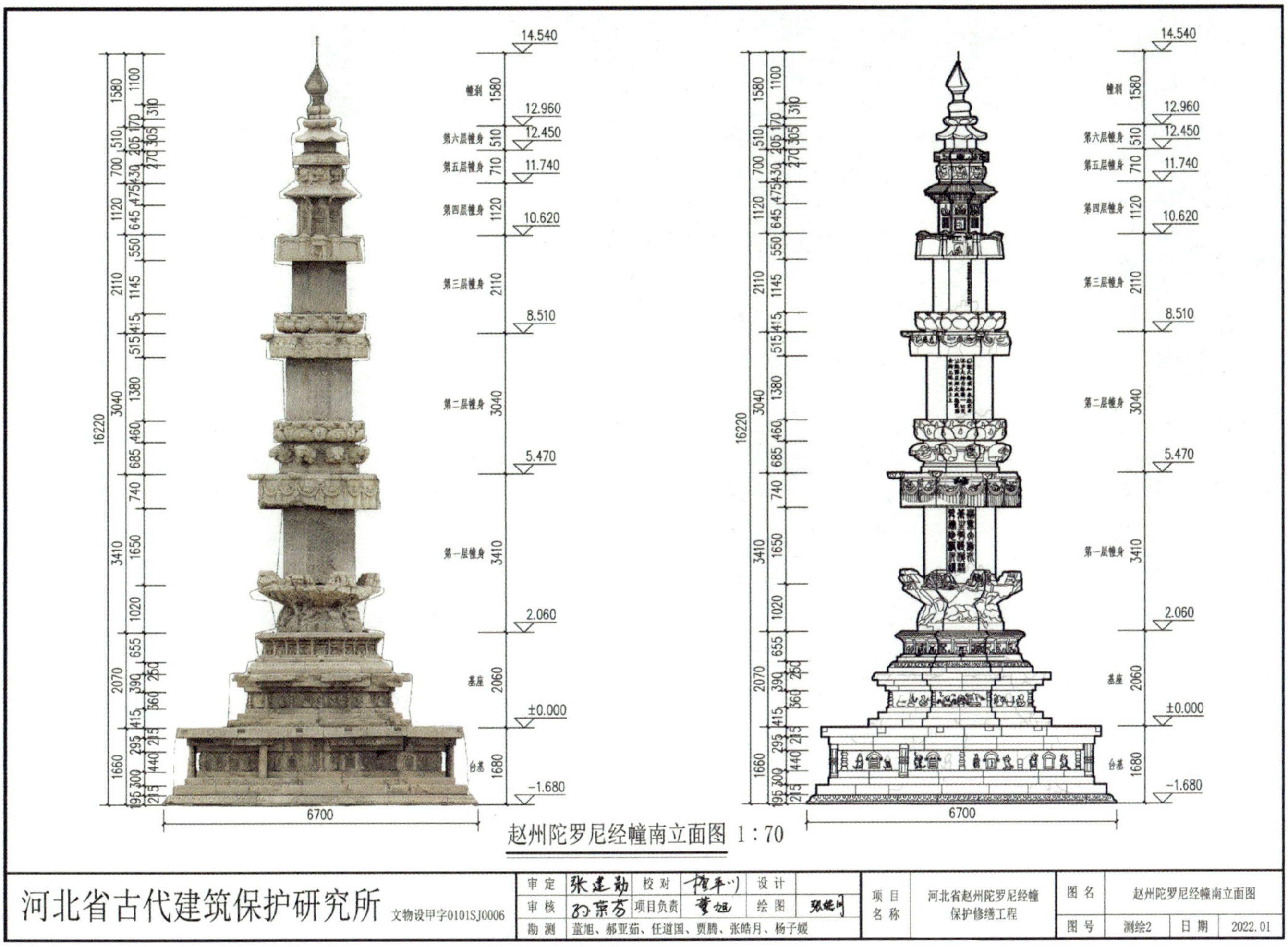

图4-42　赵州陀罗尼经幢实测图纸

三、《河北隆尧石刻》图书出版

隆尧碑刻群位于河北省邢台市隆尧县县城内，包含魏故宁远将军广乐太守柏仁男杨府君之碑、大唐帝陵光业寺大佛堂之碑等碑刻、造像 62 件，1982 年被公布为河北省省级文物保护单位。2018 年，河北省文物保护单位数字化项目对隆尧碑刻群进行了数据采集。

2018 年，邢台市文物管理处和隆尧县文广新体局编著的以展示介绍隆尧碑刻群为主要内容的《河北隆尧石刻》正式出版。图书中使用了 60 余幅数字化项目采集的照片和正射影像图作为插图，形象展现了文物状况（图 4-43）。

四、《石家庄市文物保护单位概览》图书出版

石家庄市位于太行山东麓，华北平原腹地，是河北省文物资源最为丰富的地区之一，

图4-43 《河北隆尧石刻》书影

共有省级以上文物保护单位 146 处。2019 年，河北省文物保护单位数字化项目组对石家庄市省级以上文物保护单位进行了数据采集。

2020 年，河北省文物与古建筑保护研究院编著的《石家庄市文物保护单位概览》正式出版。全书插图 371 幅、视频 146 条（扫描书内二维码观看）均使用数字化项目数据制作。本书通过文字、图片、视频等动静结合的表现形式，对石家庄市的文物保护单位进行了全面、详细的展示（图 4-44）。

五、河北省第八批全国重点文物保护单位申报工作

2018 年，应国家文物局要求，河北省文物局组织实施第八批全国重点文物保护单位申报工作。数字化项目为申报工作组提供了山西村白塔、新安城墙、陈调元庄园、镇江塔、明长城—蔡树庵段、清风楼、英谈古寨、顺德府文庙大成殿、前南峪抗日军政大学旧址、顺德府仁慈医院旧址等 10 余处文物保护单位的数据成果，为相关评审工作提供了重要依据（图 4-45）。

图4-44　《石家庄市文物保护单位概览》书影及视频播放界面

图4-45　第八批全国重点文物保护单位申报材料照片册页

六、河北省革命文物保护利用总体方案

2018 年至 2021 年，河北省文物局委托河北省文物与古建筑保护研究院，对省内不可移动革命文物资源进行了系统调查，并以抗日战争时期我党领导的晋察冀、晋冀鲁豫两大敌后抗日根据地核心地带、西柏坡中共中央所在地及华北人民政府旧址为依托，编制了 3 个革命文物资源集中片区保护利用总体方案。在方案编制过程中，数字化项目为编制组提供了西柏坡中共中央旧址、中国人民银行总行旧址、八路军一二九师司令部旧址、中共晋冀鲁豫中央局和军区旧址、晋冀鲁豫边区政府旧址、左权将军墓等 70 余处近现代重要史迹

及代表性建筑类文物保护单位的数据成果作为参考资料（图 4-46）。

七、全国石窟寺专项调查工作

2020 年，国家文物局组织开展全国石窟寺专项调查工作。受河北省文物局委托，河北省文物与古代建筑保护研究院承担了河北省石窟寺专项调查工作。在调查工作的前期准备阶段，数字化项目组向石窟寺专项调查工作组提供了两岭口摩崖造像、龙窝寺石窟、千佛崖石窟、抱犊山石窟及石刻、林山石佛堂、瑜伽山摩崖造像、封龙山石窟、白佛村石造像、苍龙山石窟、老爷山石佛龛、水浴寺石窟、响堂山石窟、艾叶交石窟、佛岩脑石佛龛、曲里千佛洞石窟、堂沟石窟、白家庄摩崖造像、法华洞石窟、林旺石窟、千佛洞石窟、广阳山石窟等 20 余处石窟寺及石刻类文物保护单位的数据资料（图 4-47）。

图4-46 河北省革命文物保护利用总体方案图纸册页

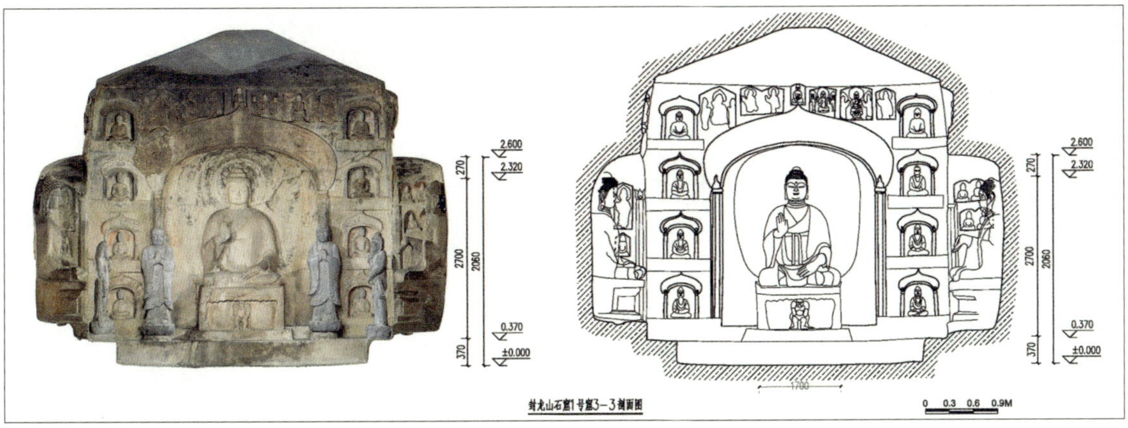

图4-47 全国石窟寺专项调查报告图纸册页

八、河北省省级以上文物保护单位保护区划地理信息定位、调整项目

2019 年，河北省文物局组织开展省级以上文物保护单位保护区划地理信息定位、调整工作。数字化项目组提供了中山古城遗址、大唐清河郡王纪功载政之颂碑、广惠寺华塔、宋璟碑、普利寺塔、义和拳议事厅旧址等 270 余处文物保护单位的数据成果（图 4-48）。

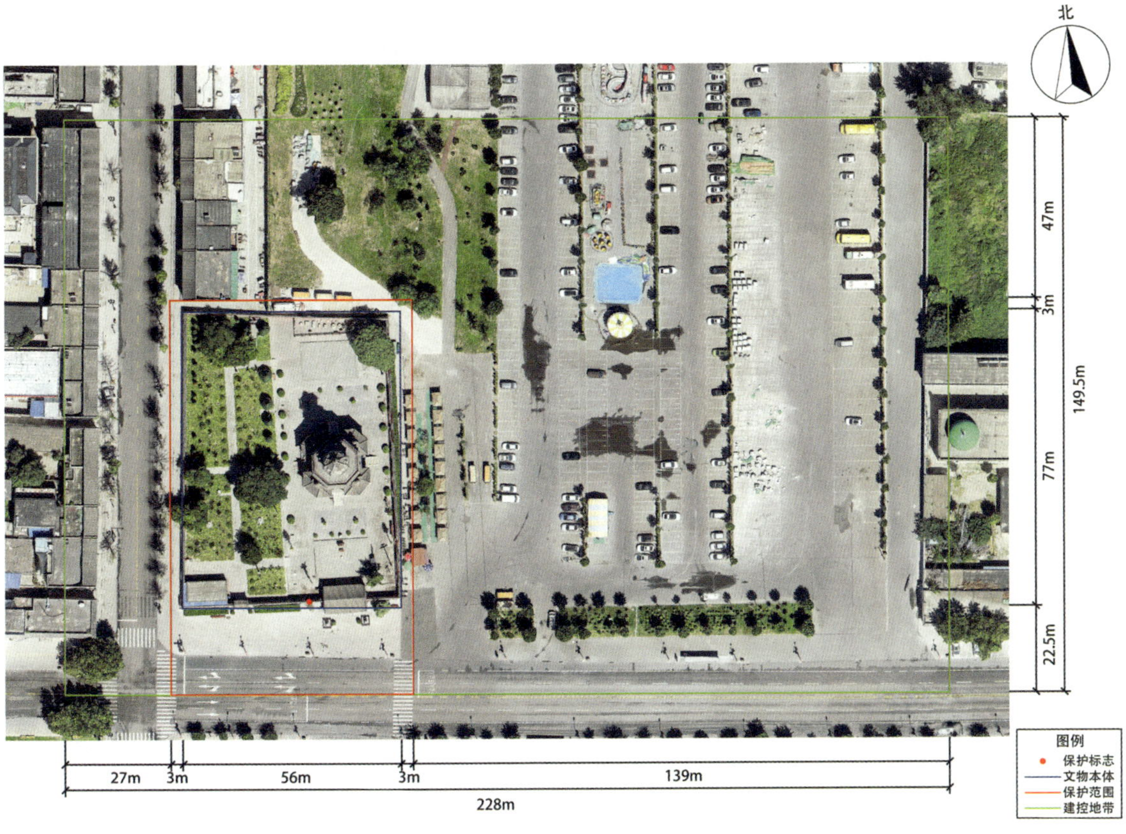

图4-48 保护区划图数据成果资料

第五章

成果展示

图5-1 邢村大台边关地道遗址VR全景1

边关地道遗址

边关地道遗址位于保定市雄县、廊坊市永清县和霸州市境内，为宋辽边界附近的军事设施。古地道青砖结构，券顶，墙宽厚，顶部压力由墙体传入地下。内部结构错综复杂，有迷魂洞、迷障巷道、藏兵洞等。目前，永清县境内已发现的有右奕营、蔡家营、瓦屋辛庄、乔街、南关等多处地道。雄县境内已发现的有双堂乡祁岗边关地道和邢村大台边关地道等，其中以邢村大台边关地道面貌最为清晰。邢村大台边关地道位于雄县县城古文化街东侧，地道修复 200 米，迂回蜿蜒于东西长 79 米、南北宽 73 米的地面之下。2006 年，边关地道遗址由国务院公布为第六批全国重点文物保护单位，公布时代为宋。

2017 年和 2019 年，数字化项目分别对位于雄县和永清县的边关地道遗址进行了数字化采集。除常规的照片、视频、VR 全景采集外，着重对邢村大台地道进行了三维激光扫描，并制作了相关正射影像图（图 5-1～图 5-3）。

图5-2　邢村大台边关地道遗址VR全景2

图5-3　邢村大台边关地道遗址平面正射影像图

中山古城遗址

中山古城遗址位于石家庄市平山县三汲乡一带，是中国北方族群白狄族鲜虞部建立的中山国都城灵寿城所在地，占地面积约 46 平方千米。城址北靠灵山，南临滹沱河，平面呈不规则的三角形，东西宽约 4 千米，南北最长处达 4.5 千米。城内分为东西两个城区：东城为宫殿区、手工业作坊区和官署区；西城北部为王陵区，南部为居住和商业活动区。城外东有“召王台”小城，西有王陵区。从公元前 380 年前后“桓公徙灵寿”，到公元前 296 年赵灭中山，中山古城作为中山国国都八十余年，见证了中山国的兴衰，也见证了戎狄文化与华夏文化的碰撞与交融。1988 年，中山古城遗址由国务院公布为第三批全国重点文物保护单位，公布时代为战国。

2019 年，数字化项目对中山古城遗址进行了数字化采集。除常规的照片、视频、VR 全景采集外，着重对遗址的各重点区域进行了大区域摄影测量建模，并通过模型制作了相关的正射影像图（图 5-4 ~ 图 5-7）。

图5-4 中山古城遗址照片

图5-5　中山古城遗址譽墓照片

图5-6　中山古城遗址视频

图5-7　中山古城遗址VR全景

赵邯郸故城

赵邯郸故城位于邯郸市邯山区，为战国时期赵国中后期都城，两汉继续延用。城址分为赵王城和大北城两大部分。赵王城为宫城，分东、西、北三城，平面呈“品”字形，西城东西 1354 米，南北 1390 米，城内有龙台；东城东西最宽处 926 米，南北最长处 1442 米，城内有南、北将台；北城东西宽约 1410 米，南北长约 1520 米，在西墙附近有两座夯土台。大北城为廓城，呈不规则长方形，东西宽约 3200 米，南北长约 4800 米，是赵邯郸故城的商业、手工业作坊区和居民区，城西北部存有铸箭炉、梳妆楼、插剑岭等遗迹。1961 年，赵邯郸故城由国务院公布为第一批全国重点文物保护单位，公布时代为战国。

2020 年，数字化项目对赵邯郸故城进行了数字化采集，采集内容包括照片、视频、VR 全景等（图 5-8 ~图 5-13）。

图5-8　赵邯郸故城王城区1号夯土台照片

图5-9　赵邯郸故城王城区3号夯土台北台照片

图5-10　赵邯郸故城王城区照片

图5-11 赵邯郸故城廓城区照片

图5-12 赵邯郸故城视频

图5-13 赵邯郸故城VR全景

代王城遗址

代王城遗址位于张家口市蔚县，主要由代王城城址和代王城墓群两部分组成。代王城城址平面呈椭圆形，南北2200米，东西3400米，全城周长9265米。原城墙由八段城墙及宝源门、兴隆门、荣阳门、崇德门、钟秀门、兴圃门、文胜门、富农门、迎海门等九门组成，城墙现有27个缺口。代王城墓群分布在代王城城址周边区域，分为东、西、南、北四区，共发现墓葬100余座。代王城作为代国都邑，是探讨“代文化”的重要实物资料。2001年，代王城遗址由国务院公布为第五批全国重点文物保护单位，公布时代为春秋至汉。

2021年，数字化项目对代王城遗址进行了数字化采集。除常规的照片、视频采集外，着重制作了城址和墓葬的位置分布图（图5-14～图5-17）。

图5-14　代王城遗址全景照片

图5-15　代王城遗址城墙照片

图5-16　代王城遗址视频

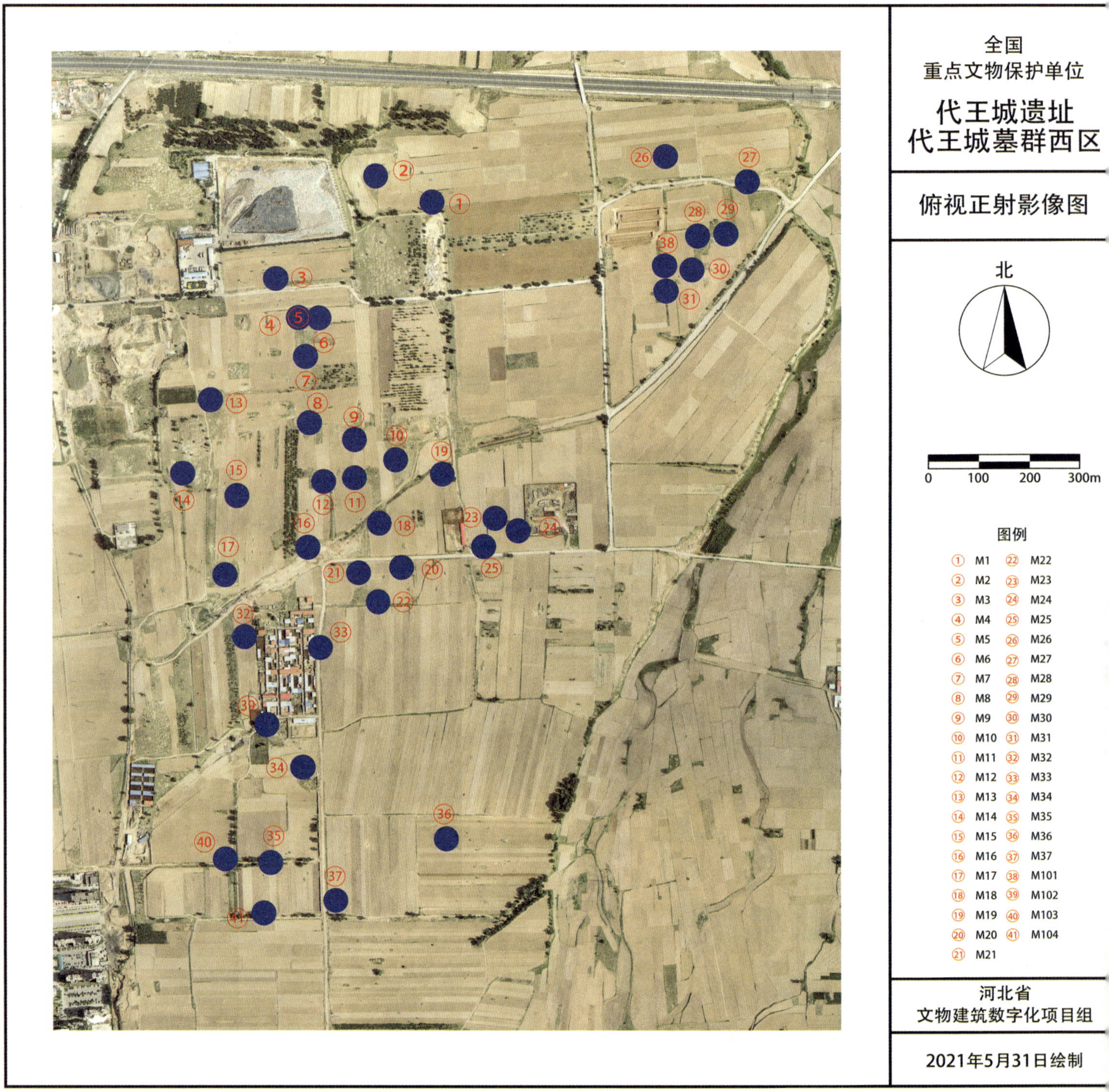

图5-17　代王城墓群西区俯视正射影像图

隆尧唐祖陵

隆尧唐祖陵位于邢台市隆尧县魏家庄镇王尹村北，为唐高祖李渊第四代祖宣皇帝李熙的建初陵和三代祖光皇帝李天赐的启运陵，二陵同茔，始建于贞观二十年（646），竣工于麟德元年（664）。陵区南北长250米，东西宽40米，北部为墓区，南部为神道。北部封土无存，南部神道两侧现保存有石柱、翼马、鞍马、石人等唐代石刻。陵东500米有光业寺，为唐陵附属建筑，已废，现仅存开元十三年（725）的《大唐帝陵光业寺大佛堂之碑》，已移至隆尧碑刻群碑廊内。唐陵历史悠久、石雕精美，对考证李唐皇室祖籍，研究唐代石雕艺术具有重要意义。2006年，隆尧唐祖陵由国务院公布为第六批全国重点文物保护单位，公布时代为唐。

2020年，数字化项目对隆尧唐祖陵进行了数字化采集。除常规的照片、视频、VR全景采集外，着重对《大唐帝陵光业寺大佛堂之碑》和神道两侧的石像生进行了三维扫描，并制作完成相关正射影像图（图5-18～图5-23）。

图5-18 隆尧唐祖陵全景照片

图5-19 隆尧唐祖陵石狮三维扫描模型

图5-20 隆尧唐祖陵《大唐帝陵光业寺大佛堂之碑》三维扫描模型

图5-21 隆尧唐祖陵神道西侧鞍马三维扫描模型1

图5-22 隆尧唐祖陵神道西侧鞍马三维扫描模型2

图5-23 隆尧唐祖陵神道东侧鞍马三维扫描模型

中山靖王墓

中山靖王墓位于保定市满城区西南的陵山上，是西汉中山靖王刘胜和王后窦绾之墓。刘胜墓为洞穴墓，墓室顶部呈拱形，室壁呈弧形，分为墓道、甬道、南耳室、北耳室、中室和后室 6 个部分，全长 51.7 米，最宽处 37.5 米，最高处 6.8 米，容积 2700 立方米。窦绾墓平面布局与刘胜墓相似，全长 49.7 米，最宽处 65 米，最高处 7.9 米，容积 3000 立方米，墓室建造规模、开凿工艺均超过刘胜墓。陪葬墓有 18 座，分部在与陵山南山相邻的三处地点，形制为有封土竖穴形，洞穴深 8 ~ 10 米，宽 3 ~ 4 米。两座主墓共出土文物 1 万多件，珍品文物 4000 余件，尤以金缕玉衣、长信宫灯、错金博山炉最为珍贵。中山靖王墓是我国保存最为完整、规模最大的以山为陵的墓葬。1988 年，中山靖王墓由国务院公布为第三批全国重点文物保护单位，公布时代为西汉。

2021 年，数字化项目对中山靖王墓进行了数字化采集，采集内容包括照片、视频、VR 全景等（图 5-24 ~图 5-31）。

图5-24　中山靖王墓全景照片

图5-25　中山靖王墓墓门照片

图5-26　刘胜墓南耳室照片

图5-27　刘胜墓渗井照片

图5-28　刘胜墓后室照片

图5-29　窦绾墓后室照片

图5-30 刘胜墓中室照片

图5-31 中山靖王墓视频

图5-32 田庄大墓墓道照片

图5-33 田庄大墓甬道照片

图5-34 田庄大墓后室照片

图5-35 田庄大墓前室照片

田庄大墓

田庄大墓位于保定市曲阳县羊平镇田庄村南，为晚唐五代墓葬。墓葬坐北朝南，为带长斜坡墓道的大型砖室墓。墓室由墓道、前庭、前甬道、前室、后甬道、后室组成中轴，侧室及耳室分列东西，发现墓室总数达12座。墓室全部由青砖砌筑，墓室壁有仿木结构的砖雕，在柱枋间有花卉纹彩绘。该墓规模宏大、形制特殊，出土有精美汉白玉雕刻、砖雕构件、鎏金饰品和定窑瓷器，并首次在河北地区发现具有唐代风格的大型仪卫壁画，具有较高的历史价值、科学价值和艺术价值。2018年，田庄大墓由河北省人民政府公布为河北省第六批省级文物保护单位，公布时代为晚唐五代。

2021年，数字化项目对田庄大墓进行了数字化采集，采集内容包括照片、视频、VR全景等（图5-32 ~图5-37）。

图5-36　田庄大墓西侧墓室、墓门照片

图5-37　田庄大墓视频

开元寺

开元寺位于石家庄市正定县燕赵南大街。开元寺始建于东魏兴和二年（540），原名净观寺，隋开皇十一年（591）改名为解慧寺，唐开元年间（713～741）改额开元寺。现仅存须弥塔、钟楼、法船殿基址、天王殿、三门楼遗址等。其中钟楼和须弥塔是开元寺的重要建筑遗存，钟楼和塔左右对称布置的平面布局为我国现存古代寺院中的罕见实例。须弥塔，初建于唐贞观十年（636），康熙元年（1662）重建，为砖石结构的九层叠涩密檐式空心方塔，具有明显的唐代砖塔风格。钟楼，始建于唐，明清重修，面阔进深均为三间，重檐歇山布瓦顶，是我国现存为数不多的唐代木构建筑。2006年，国务院将开元寺须弥塔与第三批全国重点文物保护单位开元寺钟楼合并，统一公布为第三批全国重点文物保护单位，统称“开元寺”，公布时代为唐至清。

2016年，数字化项目对开元寺进行了数字化采集。除常规的照片、视频、VR全景采集外，着重对院落整体及须弥塔、钟楼、三门殿遗址等单体建筑进行了三维激光扫描，并制作完成了相关正射影像图（图5-38～图5-47）。

图5-38 开元寺钟楼全景照片

图5-39　开元寺须弥塔全景照片

图5-40　开元寺天王殿照片

图5-41　开元寺钟楼正立面正射影像图

图5-42　开元寺钟楼侧立面正射影像图

图5-43　开元寺须弥塔正立面正射影像图

图5-44　开元寺残碑碑首正立面正射影像图

图5-45　开元寺残碑碑身正立面正射影像图

图5-46　开元寺三维扫描点云1

图5-47　开元寺三维扫描点云2

图5-48 天宁寺前殿照片

天宁寺前殿

天宁寺位于邢台市襄都区，始建于唐贞观年间（627～649），北宋政和年间（1111～1120）赐额“天宁万寿禅林”，元代天宁寺为我国北方著名禅宗寺院，高僧虚照禅师曾主持该寺。现存前殿一座，建于元代，清乾隆二十九年（1764）重修，面阔三间，进深二间，通面阔14.25米，通进深9.5米，单檐歇山绿琉璃瓦剪边顶，梁架结构为抬梁式露明造，六架椽屋分心用三柱，檐下施五铺作斗栱。构造中的阑额、普拍枋、撩檐枋、襻间枋等保留着早期建筑的特征，是冀南地区现存为数不多的元代建筑实例。2013年，天宁寺前殿由国务院公布为第七批全国重点文物保护单位，公布时代为元。

2018年，数字化项目对天宁寺前殿进行了数字化采集。除常规的照片、视频、VR全景采集外，着重对其进行了内外结合的摄影测量建模，并通过模型制作了相关正射影像图。这是数字化项目首次尝试对木构古建筑进行内外结合的摄影测量采集。殿内顶部空间狭窄、光线昏暗，项目组搭设脚手架，配合高杆、补光灯等设备，最终完成采集工作，取得了预期成果（图5-48～图5-57）。

图5-49 天宁寺前殿抱鼓石照片

图5-50　天宁寺前殿
脊刹照片

图5-51　天宁寺前殿
正吻照片

图5-52　天宁寺前殿
梁架照片

图5-53　天宁寺前殿VR全景

图5-54　天宁寺前殿摄影测量模型

图5-55　天宁寺前殿正立面正射影像图

图5-56　天宁寺前殿横剖正射影像图

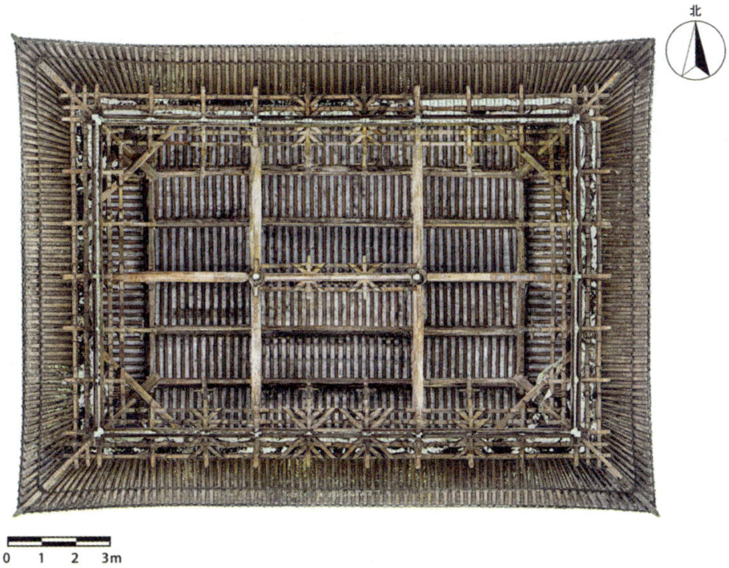

图5-57　天宁寺前殿斗栱分位正射影像图

灵寿石牌坊

灵寿石牌坊位于石家庄市灵寿县城内，是明崇祯十四年（1641）崇祯帝为吏部尚书傅永淳祖父母、义祖父母、父母及其自身和妻室敕建的旌表。牌坊通体砂岩制作，四柱三间五楼歇山顶，高约 11 米，宽约 8 米。牌坊四柱柱面均浮雕流云图案。在牌楼底部，四根石柱两侧共浮雕有形态各异的石狮 8 只。明楼檐下施形似五踩双翘斗栱 6 攒，柱间置上、中、下三道额枋，额枋间置二层枋心。上额枋浮雕丹凤朝阳，额上承陡匾一方，内题“皇恩宠赐”；中额枋由上、下两石组成，上石浮雕云鹤、下石高雕双龙；下额枋高雕二龙戏珠。上层枋心题“三世中枢”，下层枋心题“诰赠通义大夫兵部左侍郎傅永训淑人胡氏张氏傅承问淑人康氏赵氏”等楷书三行。两侧次楼上下层均置五踩双翘斗栱 3 攒，一层檐下各置陡匾一方，上刻监造官员姓名以及建造年月。屋面正脊两端施正吻，明楼正脊中部施神兽负宝瓶脊刹。2013 年，灵寿石牌坊由国务院公布为第七批全国重点文物保护单位，公布时代为明。

2019 年，数字化项目对灵寿石牌坊进行了数字化采集。除常规的照片、视频、VR 全景采集外，着重对其进行了摄影测量建模和三维激光扫描，其中三维激光扫描使用手持扫描仪完成，数据精细程度极高（图 5-58 ~图 5-65）。由于白天受阳光影响，项目组选择夜间对石牌坊进行扫描作业，取得了高质量的模型成果。

图5-58　灵寿石牌坊照片

图5-59　灵寿石牌坊局部照片1

图5-60　灵寿石牌坊局部照片2

图5-61　灵寿石牌坊北立面正射影像图

图5-62 灵寿石牌坊摄影测量模型局部1

图5-63 灵寿石牌坊摄影测量模型局部2

图5-64 灵寿石牌坊三维扫描点云

图5-65 灵寿石牌坊三维扫描模型

井陉旧城城墙

井陉旧城城墙位于石家庄市井陉县天长镇，城墙东、南、西三面临绵河，北依土山，形如簸箕，又称“簸箕城”，城墙东、西、南三面设门，为夯土筑墙芯外包青石砌筑墙体，北面不辟门，为夯土墙体，墙体断面呈梯形，基宽 8 米、顶宽 6 米，高约 8 米，周长约 1700 米。天长镇历史悠久，汉代已成村落，唐代设立军镇，宋熙宁八年（1075）移井陉县治于此。明洪武元年（1368）复置县于城关，设土城，隆庆三年（1569）城墙改砌为石城，高厚如旧，并曾建瓮城和弩台。1958 年井陉县治由天长迁微水，井陉旧城不再承担县治功能。井陉旧城历史悠久，保存较为完整，在古代城镇规划、军事防御、城墙营造等方面具有较高的科学研究价值。2013 年，井陉旧城城墙由国务院公布为第七批全国重点文物保护单位，公布时代为明、清。

2019 年，数字化项目对井陉旧城城墙进行了数字化采集。除常规的照片、视频采集外，着重对其进行了大区域摄影测量建模，并通过模型制作了相关正射影像图（图 5-66～图 5-78）。井陉旧城体量巨大，这对数字化项目的数据处理技术提出了更高要求。

图5-66　井陉旧城城墙南门照片

图5-67 井陉旧城城墙小南门照片

图5-68 井陉旧城城墙南门正立面正射影像图

图5-69 井陉旧城城墙视频1

图5-70 井陉旧城城墙视频2

图5-71 井陉旧城城墙视频3

图5-72 小南门东立面正射影像图

图5-73 南门背立面正射影像图

图5-74 小南门正立面正射影像图

图5-75　井陉旧城城墙大区域摄影测量模型

图5-76　小南门摄影测量模型1

图5-77　小南门摄影测量模型2

图5-78　南门摄影测量模型

源影寺塔

源影寺塔位于秦皇岛市昌黎县城，金代建筑，明清两代均有重修，1983 ~ 1987 年进行了全面修缮。现存为八角十三级密檐实心佛塔，高 36 米，砖木结构，由塔基、塔身、塔刹三部分构成。塔基上建有须弥基座，座上有砖雕斗栱托起的平座，平座以上由两层砖制莲瓣承托塔身。塔身的第一层砖雕重层天宫楼阁，独具特色。各层塔檐均由木质椽飞、角梁构成，并以青瓦覆盖。檐下施砖雕斗栱，其中各单层补间为四铺作单杪斗栱，出斜栱；双层补间为四铺作单杪斗栱，无斜栱。塔刹由砖砌刹座、覆钵及铁质相轮、圆光、仰月、宝珠构成。2001 年，源影寺塔由国务院公布为第五批全国重点文物保护单位，公布时代为金。

2019 年，数字化项目对源影寺塔进行了数字化采集。除常规的照片、视频、VR 全景采集外，着重对其进行了摄影测量建模和三维激光扫描（图 5-79 ~ 图 5-84）。

图5-79 源影寺塔全景照片

图5-80 源影寺塔俯视正射影像

图5-81　源影寺塔塔刹照片

图5-82　源影寺塔套兽照片

图5-83　源影寺塔南立面正射影像图

图5-84　源影寺塔三维扫描点云

图5-85　广宗官署正堂照片

广宗官署正堂

广宗官署正堂位于邢台市广宗县老城西大街，俗称广宗县大堂，始建于明永乐年间（1403 ~ 1424），是当时县衙的主要建筑，后历代均有修缮，现仍保留明代建筑风格。建筑坐北朝南，砖木结构，布瓦硬山顶，面阔五间，进深三间，通面阔 19.74 米，通进深 12.35 米，梁架结构为五架梁前后出双步梁，檐下施三踩斗栱。广宗官署正堂是河北省现存较好的古代县级衙署之一。2001 年，广宗官署正堂由河北省人民政府公布为河北省第四批省级文物保护单位，公布时代为明。

2020 年，数字化项目对广宗官署正堂进行了数字化采集。除常规的照片、视频、VR 全景采集外，着重对其进行了内外结合摄影测量建模，并通过模型制作了相关正射影像图（图 5-85 ~图 5-92）。广宗官署正堂的采集是对内外结合摄影测量方法的一次重要验证。

图5-86　广宗官署正堂正吻照片

图5-87　广宗官署正堂柱础照片1

图5-88　广宗官署正堂斗栱照片

图5-89　广宗官署正堂柱础照片2

图5-90　广宗官署正堂视频

图5-91　广宗官署正堂正立面正射影像图

图5-92　广宗官署正堂横剖正射影像图

娲皇宫及石刻

娲皇宫位于邯郸市涉县索堡镇凤凰山，始建于北齐，初为佛教寺院，后主祀中华人文始祖女娲，明清以来逐渐发展成为我国最大的奉祀女娲的古代建筑群。现存建筑多为明清时期所建，由山下的朝元宫、停骖宫、吕仙祠、广生宫和山上的娲皇宫五部分组成，其间以十八盘山道连接。主体建筑娲皇阁位于山上，坐东朝西，通高约 25 米，琉璃剪边歇山顶，三层楼阁立于石券台上，台前出抱厦，阁身背依山崖，施铁链与岩壁相连接，气势雄伟。娲皇阁以北的蚕姑洞、眼光洞及周围石壁上存有北齐时期刻经，总面积约 164 平方米，是国内现存面积最大的北齐摩崖刻经。1996 年，娲皇宫及石刻由国务院公布为第四批全国重点文物保护单位，公布时代为北齐、明、清。

2020 年，数字化项目对娲皇宫及石刻进行了数字化采集。除常规的照片、视频、VR 全景采集外，着重对娲皇阁和石壁刻经进行了摄影测量建模，并通过模型制作了相关正射影像图。娲皇阁体量巨大，背立面贴近崖壁，项目组采取无人机固定航线拍摄结合重点部位手持拍摄的方法对其进行采集，最终生成了完整的摄影测量模型（图 5-93 ~图 5-102）。

图5-93　娲皇宫及石刻照片

图5-94 娲皇阁照片

图5-95　娲皇阁梁架照片

图5-96　娲皇宫蚕姑洞照片

图5-97　娲皇宫钟楼铁钟照片

图5-98　娲皇宫及石刻视频

图5-99　娲皇宫及石刻VR全景

图5-100　娲皇阁正立面正射影像图

图5-101　娲皇阁背立面正射影像图

图5-102　娲皇阁侧立面正射影像图

图5-103 成汤庙山门照片

成汤庙山门

成汤庙山门位于邯郸市涉县井店镇，建于金大定四年（1164），明嘉靖三十四年（1555）维修。山门坐落于高台之上，坐西南面东北，面阔三间 10.11 米，进深二间 9.25 米，单檐悬山布瓦顶，琉璃瓦脊，梁架大木彻上露明造，用四椽栿，前、后檐下施五铺作双下昂斗栱，补间斗栱耍头后尾通过垂花柱挑于金榑下。檐柱均为小八角石柱，上有金、明、清时期题刻，其中一些记载了当地遭遇的地震、连续降雨等灾害，是研究古代自然灾害的重要资料。2006 年，成汤庙山门由国务院公布为第六批全国重点文物保护单位，公布时代为金。

2020 年，数字化项目对成汤庙山门进行了数字化采集。除常规的照片、视频、VR 全景采集外，着重对其进行了内外结合摄影测量建模，并通过模型制作了相关正射影像图（图 5-103 ~图 5-109）。

图5-104 清道光年间地震题刻照片

图5-105　成汤庙山门照片

图5-106　成汤庙山门梁架照片

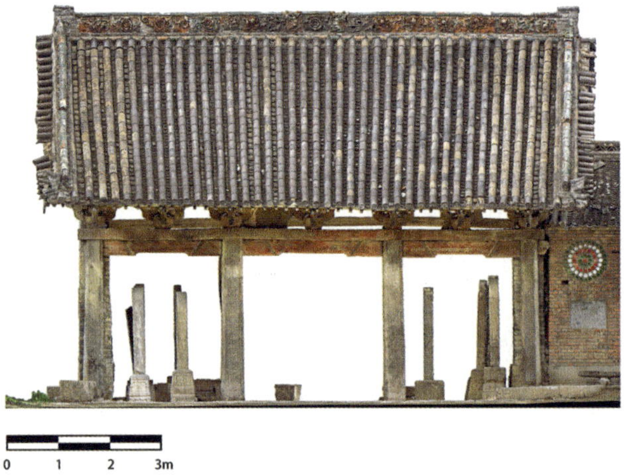

图5-107　成汤庙山门背立面正射影像图

图5-108　成汤庙山门侧立面正射影像图

图5-109　成汤庙山门横剖正射影像图

图5-110 天青寺大殿照片

图5-111 天青寺大殿视频1

图5-112 天青寺大殿视频2

天青寺大殿

天青寺大殿位于邯郸市武安市磁山镇崔炉村，建于明天顺三年（1459）。大殿坐北朝南，面阔五间，进深四间，建筑面积315平方米，单檐歇山布瓦顶，绿琉璃剪边，檐下施七踩斗栱。柱全为石质，柱下施须弥座式柱础，柱础形状与雕刻内容各不相同，造型优美。前、后檐柱6根，山柱3根，金柱采用移柱和减柱的做法，前金柱2根，后金柱3根。由山柱和金柱承托双层大额枋，额上托五架梁，前后出双步梁。大木构架不拘常规，繁复有序，俗称“乱梁殿”，这种在明代建筑中罕见的梁架结构形式，是研究明代建筑大木结构的极好实例。2013年，天青寺大殿由国务院公布为第七批全国重点文物保护单位，公布时代为明。

2020年，数字化项目对天青寺大殿进行了数字化采集。除常规的照片、视频采集外，着重对其进行了内外结合摄影测量建模，并通过模型制作了相关正射影像图（图5-110~图5-116）。

图5-113　天青寺大殿正立面正射影像图

图5-114　天青寺大殿纵剖正射影像图

图5-115　天青寺大殿侧立面正射影像图

图5-116　天青寺大殿横剖正射影像图

九江圣母庙

九江圣母庙位于邯郸市武安市管陶乡管陶村东北，始建于元代，明、清、民国等时期均有重修。圣母庙坐北朝南，建筑布局为“回”字形，由圣母殿、财神殿、老母殿等建筑构成，占地面积近千平方米。圣母殿为主体建筑，面阔三间 9.81 米，进深二间 9.25 米，高 7.3 米，单檐悬山布瓦顶，琉璃瓦脊，梁架为四椽栿后接乳栿用三柱，前檐斗栱为四铺作单下昂，后檐斗栱不出跳，建筑整体呈现出比较强烈的元代建筑风格。其余配殿均为清代建筑。2013 年，九江圣母庙由国务院公布为第七批全国重点文物保护单位，公布时代为元至清。

2020 年，数字化项目对九江圣母庙进行了数字化采集。除常规的照片、视频采集外，着重对圣母殿进行了内外结合摄影测量建模，并通过模型制作了相关正射影像图（图 5-117 ~图 5-127）。

图5-117　九江圣母庙山门照片

图5-118　九江圣母庙全景照片

图5-119　九江圣母庙圣母殿照片

图5-120　九江圣母庙山门脊兽照片

图5-121　九江圣母庙视频1

图5-122　九江圣母庙视频2

图5-123　圣母殿正立面正射影像图

图5-124　圣母殿东侧立面正射影像图

图5-125　圣母殿横剖正射影像图

图5-126　圣母殿摄影测量模型

图5-127　圣母殿摄影测量模型局部

玉泉寺大殿

玉泉寺大殿位于邯郸市涉县索堡镇上温村内，始建于金大定二十八年（1188），元至元二十六年（1291）重修。寺院原建筑规模宏敞，现仅存大殿一座。大殿坐北朝南，面阔五间，进深三间，面积162平方米，单檐歇山布瓦顶，琉璃瓦脊，梁架结构为六椽栿通檐，内部增施金柱支顶，檐下施五铺作双昂斗栱，阑额、普拍枋呈“T”字形，梁栿以自然材略修整而成，立柱侧脚可见，升起不明显，部分木构件彩绘尚存。2013年，玉泉寺大殿由国务院公布为第七批全国重点文物保护单位，公布时代为金至元。

2020年，数字化项目对玉泉寺大殿进行了数字化采集。除常规的照片、视频采集外，着重对其进行了内外结合摄影测量建模，并通过模型制作了相关正射影像图（图5-128 ~图5-140）。

图5-128 玉泉寺大殿照片

图5-129　玉泉寺大殿垂鱼照片

图5-130　玉泉寺大殿斗栱及彩绘照片

图5-131　玉泉寺大殿梁架照片

图5-132　玉泉寺大殿斗栱照片

图5-133　玉泉寺大殿视频

图5-134　玉泉寺大殿正立面正射影像图

图5-135　玉泉寺大殿背立面正射影像图

图5-136　玉泉寺大殿东侧立面正射影像图

图5-137　玉泉寺大殿西侧立面正射影像图

图5-138 玉泉寺大殿摄影测量模型

图5-139 玉泉寺大殿摄影测量模型局部1

图5-140 玉泉寺大殿摄影测量模型局部2

纸坊玉皇阁

纸坊玉皇阁位于邯郸市峰峰矿区临水镇东西纸坊村之间，始建于明隆庆、万历年间（1567～1620），清道光二十二年（1842）重修。玉皇阁为攒尖盝顶琉璃瓦建筑，砖制斗栱外拽部分为五踩双下昂形式，内部实际为叠涩顶，装饰成28跳的偷心斗栱，顶部覆以雕龙石板，形成覆斗状藻井。阁身内部无梁架支撑，俗称“无梁殿”。阁身四周出单步木构围廊，琉璃瓦敷顶，檐下斗栱不出跳。阁下为长21米、宽12.6米的青石筑石券台，券洞为东西向。纸坊玉皇阁是国内现存较好的砖结构楼阁，具有极高的科学及艺术价值。2006年，纸坊玉皇阁由国务院公布为第六批全国重点文物保护单位，公布时代为明。

2020年，数字化项目对纸坊玉皇阁进行了数字化采集。除常规的照片、视频、VR全景采集外，着重对其进行了摄影测量建模，并通过模型制作了相关正射影像图（图5-141～图5-149）。

图5-141 纸坊玉皇阁照片

图5-142　纸坊玉皇阁砖制叠涩斗栱照片

图5-143　纸坊玉皇阁斗栱照片

图5-144　纸坊玉皇阁视频1

图5-145　纸坊玉皇阁视频2

图5-147　纸坊玉皇阁正立面正射影像图

图5-146　纸坊玉皇阁VR全景

图5-148　纸坊玉皇阁背立面正射影像图

图5-149　纸坊玉皇阁侧立面正射影像图

净觉寺

净觉寺位于唐山市玉田县蛮子营村东，始建于唐，重修于清，素有“京东第一寺”之称。寺院坐北朝南，东西宽125米，南北长155米，占地面积约1.9万平方米。现存山门殿、碑楼、香阜宫（正殿）、大雄宝殿（后殿）、钟楼、鼓楼等建筑。寺院周围环以高墙，院内建筑对称分布。香阜宫是寺内的中心建筑，为清代建造，殿身面阔三间14米，进深三间12.4米，高16米，重檐歇山顶，檐下施七踩斗栱，殿身前接卷棚歇山抱厦，面阔三间，进深一间，檐下施五踩斗栱，建筑整体恢宏华丽。净觉寺是唐山地区唯一保存完整的大型寺庙建筑群，建筑艺术具备明清两代风格，砖、石、木雕技艺精湛，具有较高的历史、艺术、科学价值。2006年，净觉寺由国务院公布为第六批全国重点文物保护单位，公布时代为清。

2020年，数字化项目对净觉寺进行了数字化采集。除常规的照片、视频、VR全景采集外，着重对山门殿、碑楼、香阜宫、大雄宝殿、钟楼进行了摄影测量建模，并对大雄宝殿进行了三维激光扫描（图5-150～图5-162）。

图5-150 净觉寺全景照片

图5-151　净觉寺山门殿照片

图5-152　净觉寺大雄宝殿照片

图5-153 净觉寺视频

图5-154 净觉寺香皋宫正立面正射影像图

图5-155　净觉寺VR全景

图5-156　净觉寺香皋宫侧立面正射影像图

图5-157 净觉寺山门殿摄影测量模型

图5-158 净觉寺碑楼摄影测量模型

图5-159 净觉寺香阜宫摄影测量模型

图5-160 净觉寺香阜宫摄影测量模型局部1

图5-161 净觉寺香阜宫摄影测量模型局部2

图5-162 净觉寺大雄宝殿三维扫描点云

图5-163 景忠山碧霞元君庙全景照片1

景忠山碧霞元君庙

景忠山碧霞元君庙位于唐山市迁西县城西北，始建于明嘉靖二年（1523），现存的主体建筑碧霞元君殿为清咸丰五年（1855）大修后的遗存。碧霞元君殿位于景忠山顶，坐北朝南，殿身面阔三间12.7米，进深四间8.7米，高14.3米，四面出廊，重檐歇山黄琉璃瓦顶。梁架结构为七架梁前后单步梁，殿身檐柱再出单步梁形成回廊。两重檐下均施五踩双下昂斗栱，回廊檐柱为石质。另外，碧霞元君殿前立有四柱七楼砖牌楼（南天门）一座。1982年，景忠山碧霞元君庙由河北省人民政府重新公布为河北省第二批省级文物保护单位，公布时代为清。

2020年，数字化项目对景忠山碧霞元君庙进行了数字化采集。除常规的照片、视频、VR全景采集外，着重对碧霞元君殿进行了摄影测量建模，并通过模型制作了相关正射影像图（图5-163~图5-177）。

图5-164　景忠山碧霞元君庙全景照片2

图5-165 景忠山碧霞元君庙南天门照片

图5-166 景忠山碧霞元君庙牌楼照片

图5-167 景忠山碧霞元君殿山花照片

图5-168 景忠山碧霞元君殿斗栱照片

图5-169 景忠山碧霞元君殿梁架照片

图5-170　景忠山碧霞元君庙VR全景

图5-171　碧霞元君殿西侧立面正射影像图

图5-172　碧霞元君殿东侧立面正射影像图

图5-173 碧霞元君殿正立面正射影像图

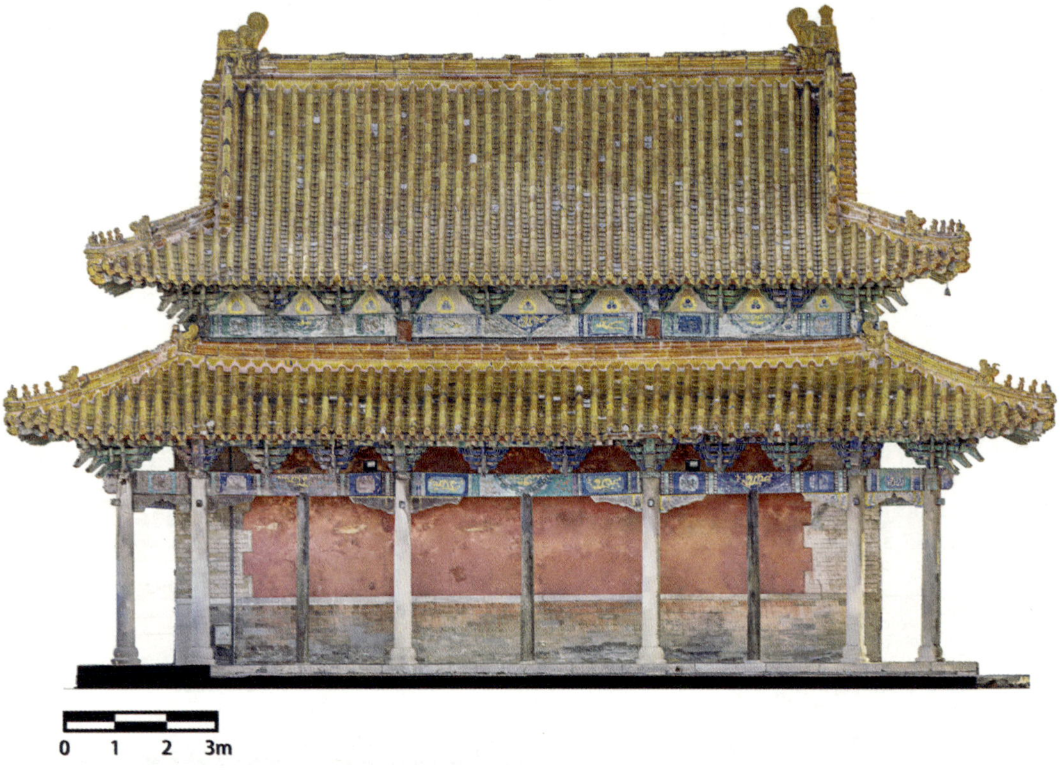

图5-174 碧霞元君殿背立面正射影像图

图5-175　碧霞元君殿摄影测量模型局部1

图5-176　碧霞元君殿摄影测量模型局部2

图5-177　碧霞元君殿摄影测量模型

蔚州玉皇阁

蔚州玉皇阁位于张家口市蔚县北城垣上，又名靖边楼，始建于明洪武十年（1377），坐北朝南，由前后两院组成。前院建有天王殿（龙虎殿）、东西配殿，最北侧为十八级台阶，通往城垣之上的后院。后院建筑主要有山门、钟楼、鼓楼和玉皇阁大殿。大殿为重檐歇山琉璃瓦顶建筑，面阔三间，进深二间，四周出围廊，通面阔 20.8 米，通进深 12.0 米，总高 14.95 米。梁架结构为五架梁，外观三层，实为二层。玉皇阁虽经历重修，主体仍为明初木构，是研究北方地区元末明初木构建筑的宝贵实物资料。大殿内绘有道教题材壁画，内容丰富，栩栩如生，是不可多得的艺术珍品。1996 年，蔚州玉皇阁由国务院公布为第四批全国重点文物保护单位，公布时代为明。

2021 年，数字化项目对蔚州玉皇阁进行了数字化采集。除常规的照片、视频、VR 全景采集外，着重对其后院建筑群进行了摄影测量建模，并通过模型制作了相关正射影像图（图 5-178 ~图 5-198）。

图5-178 蔚州玉皇阁全景照片

图5-179　蔚州玉皇阁东配殿照片

图5-180　蔚州玉皇阁天王殿照片

图5-181 蔚州玉皇阁山门照片

图5-182　蔚州玉皇阁钟楼照片

图5-183　蔚州玉皇阁大殿翼角照片1

图5-184　蔚州玉皇阁大殿翼角照片2

图5-185 蔚州玉皇阁视频1

图5-186 蔚州玉皇阁视频2

图5-187 蔚州玉皇阁VR全景

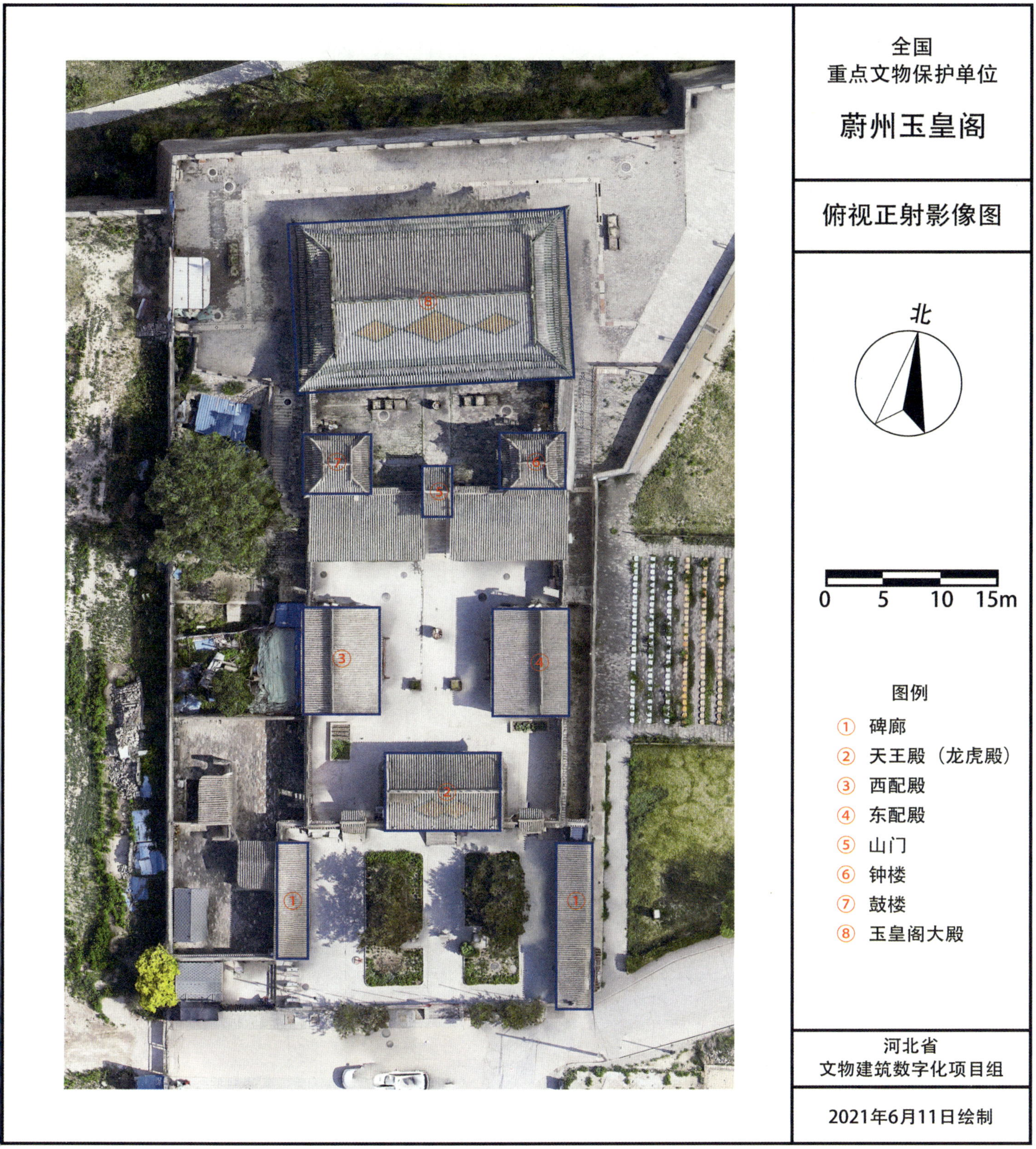

图5-188　蔚州玉皇阁俯视正射影像图

图5-189 蔚州玉皇阁大殿正立面正射影像图

图5-190 蔚州玉皇阁大殿背立面正射影像图

图5-191　蔚州玉皇阁钟楼西立面正射影像图

图5-192　蔚州玉皇阁钟楼横剖正射影像图

图5-193　蔚州玉皇阁鼓楼东立面正射影像图

图5-194　蔚州玉皇阁鼓楼横剖正射影像图

图5-195 蔚州玉皇阁摄影测量模型1

图5-196 蔚州玉皇阁摄影测量模型2

图5-197 蔚州玉皇阁摄影测量模型局部1

图5-198 蔚州玉皇阁摄影测量模型局部2

图5-199　金河寺天王殿（复建）照片

图5-200　金河寺遗址照片

金河寺悬空庵塔群

金河寺悬空庵塔群位于张家口市蔚县小五台山金河口峪。塔群位于北部山坡上，现存砖塔4座，自山上至山下依次编号为1号塔、2号塔、3号塔、4号塔。1号塔为“资中政公禅师灵塔”，覆钵式塔，高约10米；2号塔为六角形密檐塔，高约6米；3号塔为“祖禅明公师灵塔”，覆钵式塔，高约8米；4号塔为六角形密檐塔，高约12米。除山上的塔群外，山下尚存金河寺遗址。2013年，金河寺悬空庵塔群由国务院公布为第七批全国重点文物保护单位，公布时代为元至明。

2021年，数字化项目对金河寺悬空庵塔群进行了数字化采集。除常规的照片、视频、VR全景采集外，着重对4座砖塔进行了摄影测量建模，并通过模型制作了相关正射影像图（图5-199～图5-209）。

图5-201　金河寺悬空庵塔群全景照片

图5-202 金河寺悬空庵塔群1号塔照片

图5-203 金河寺悬空庵塔群2号塔照片

图5-204　金河寺悬空庵塔群视频

图5-205　金河寺悬空庵塔群VR全景

图5-206　金河寺悬空庵塔群2号塔西南立面正射影像图

图5-207　金河寺悬空庵塔群4号塔西南立面正射影像图

图5-208　金河寺悬空庵塔群2号塔摄影测量模型局部

图5-209　金河寺悬空庵塔群4号塔摄影测量模型局部

直隶总督署

直隶总督署位于保定市莲池区裕华路，建于清雍正七年（1729），是一组封建官署建筑群。总督署坐北朝南，东西长 130 米，南北深 220 余米，占地约 3 万平方米，以两条南北更道相隔，将衙署分为东、中、西三路。主体建筑在中路，主要有大门、仪门、大堂、二堂、官邸、上房等建筑，均为硬山布瓦顶建筑。直隶总督署是原清代直隶省最高军政长官的办公场所，见证了中国近代历史的变迁；受堪舆学说的影响以及官署建筑规制的制约，建筑群不尚奢华而突显庄重威严。1988 年，直隶总督署由国务院公布为第三批全国重点文物保护单位，公布时代为清。

2021 年，数字化项目对直隶总督署进行了数字化采集，采集内容包括照片、视频、VR 全景等（图 5-210 ~图 5-216）。

图5-210　直隶总督署全景照片

图5-211 直隶总督署中路大堂照片

图5-212 直隶总督署中路三进院院门照片

图5-213 直隶总督署中路二堂正门及匾额照片

图5-214 直隶总督署正吻照片

图5-215 直隶总督署视频

图5-216 直隶总督署VR全景

响堂山石窟

响堂山石窟位于邯郸市峰峰矿区，始凿于东魏晚期，主要洞窟完成于北齐时期，其后隋、唐、宋、明等各代均有续凿，分南、北两处。

北响堂石窟主要洞窟有刻经洞、大业洞、释迦洞、关帝洞、大佛洞、宋洞、明洞、隋佛龙洞等。大佛洞宽13.3米，进深12.5米，高13米，是响堂山石窟中体量最大的一窟。刻经洞内外壁刻有《维摩诘经》等经文，洞前依石壁刻有唐邕写经碑。南响堂石窟的主要洞窟有华严洞、般若洞、空洞、阿弥陀洞、释迦洞、力士洞、千佛洞等。千佛洞外立面为仿木构建筑形式，是研究我国建筑历史的珍贵材料。1961年，响堂山石窟由国务院公布为第一批全国重点文物保护单位，公布时代为北齐至明。

2017年和2020年，数字化项目分别对北响堂石窟和南响堂石窟进行了数字化采集。除常规的照片、视频、VR全景采集外，着重对北响堂石窟整体及各窟造像进行了三维激光扫描，对南响堂石窟各窟及造像进行了摄影测量建模（图5-217～图5-229）。

图5-217　北响堂石窟照片

图5-218　响堂山石窟视频

图5-219　北响堂石窟VR全景

图5-220　南响堂石窟VR全景

图5-221　南响堂石窟5号窟仰视正射影像图

图5-222　南响堂石窟5号窟正壁正射影像图

图5-223　南响堂石窟7号窟正立面正射影像图

图5-224　南响堂石窟7号窟仰视正射影像图

图5-225　南响堂石窟7号窟正壁正射影像图

图5-226　南响堂石窟3～7号窟正立面正射影像图

图5-227　北响堂石窟三维扫描点云1

图5-228　北响堂石窟三维扫描点云2

图5-229　北响堂石窟三维扫描点云3

封龙山石窟

封龙山石窟位于石家庄市元氏县南佐镇北龙池村北的封龙山上，始凿于北齐，唐宋皆有补凿，坐北朝南，东西排列三个洞窟。西窟为三世佛窟，长宽各 4 米，高 3 米，拱形洞口，穹窿顶，三壁三龛，主尊为过去佛、现在佛、未来佛，除主佛外四壁还刻有多个小佛龛，现存造像 150 余尊。西窟造像造型考究，形态各异，具有鲜明的北齐造像风格。中窟为千佛洞窟，长宽各 5 米，高 4 米，洞口方形，平面呈矩形，四壁浮雕佛龛造像计千余，洞窟中心柱前供释迦牟尼像，左右胁侍文殊、普贤菩萨。中窟的雕刻手法及窟顶彩绘样式具有鲜明的唐代早期风格。东窟为涅槃窟，平面呈矩形，内奉释迦牟尼涅槃像，背北面南，头西足东，卧佛保存完好，雕刻手法具有明显的北宋时期雕刻风格。除此之外，封龙山石窟还存有多处题记石刻，是石窟开凿历史的有力证据。2013 年，封龙山石窟由国务院公布为第七批全国重点文物保护单位，公布时代为南北朝至明。

2019 年，数字化项目对封龙山石窟进行了数字化采集。除常规的照片、视频、VR 全景采集外，着重对其进行了摄影测量建模，并通过模型制作了相关正射影像图（图 5-230 ~图 5-240）。

图5-230 封龙山石窟全景照片

图5-231　封龙山石窟三世佛窟照片

图5-232　封龙山石窟千佛洞窟照片

图5-233 封龙山石窟视频1

图5-234 封龙山石窟视频2

图5-235 封龙山石窟视频3

图5-236 封龙山石窟视频4

图5-237　千佛洞窟中心柱正立面正射影像图

图5-238　三世佛窟东壁正射影像图

图5-239　三世佛窟北壁正射影像图

图5-240　千佛洞窟北壁正射影像图

前南峪抗日军政大学旧址

前南峪抗日军政大学旧址位于邢台市信都区浆水镇。1940 年 11 月至 1943 年 1 月中国人民抗日军事政治大学总校在邢台浆水一带进行敌后正规化办学，开办三期，培养了大批优秀的军事、政治干部。学校总部设在前南峪村，旧址现存具有当地传统民居风格的文物建筑院落 20 余处。川林村、桃树坪村、浆水村、安庄村、河东村、南口村、坡子峪村也存有多处旧址。1993 年，前南峪抗日军政大学旧址由河北省人民政府公布为河北省第三批省级文物保护单位，公布时代为 1940 ~ 1943 年。

2018 年，数字化项目对前南峪抗日军政大学旧址进行了数字化采集。除常规的照片、视频、VR 全景采集外，着重对其进行了大区域摄影测量建模，并通过模型制作了相关正射影像图（图 5-241 ~图 5-248）。前南峪抗日军政大学旧址的各部分文物构成分布在多个村镇，尤其前南峪村校总部的 20 余处院落情况比较复杂。文物构成本身与周围民居建筑区别不大，不易辨别。在正式采集前，项目组详细核查了该单位的文物构成情况，避免发生错采、漏采等情况。

图5-241 前南峪抗日军政大学旧址全景照片

图5-242　滕代远、何长工旧居照片1

图5-243　滕代远、何长工旧居照片2

图5-244　抗大纪念碑照片

● 抗大青年连旧址　● 抗大工兵连旧址

图5-245　抗大青年连、工兵连旧址照片

● 抗大总校上干营旧址二号院　● 抗大总校上干营旧址一号院

图5-246　抗大上干营旧址照片

图5-247 前南峪抗日军政大学旧址摄影测量模型

图5-248 前南峪抗日军政大学旧址VR全景

八路军一二九师司令部旧址

八路军一二九师司令部旧址位于邯郸市涉县，由河南店镇赤岸村的司令部旧址、王堡村的政治部礼堂旧址和将军岭构成，其中司令部旧址包含下院、上院、后院等四合院和一处防空洞。1940 年 12 月，八路军一二九师司令部由涉县常乐村迁驻赤岸村，政治部迁驻王堡村。抗战胜利后，晋冀鲁豫中央局和晋冀鲁豫军区在此成立，1945 年 12 月迁往武安县下柏树村。在此期间，刘伯承、邓小平率领的八路军一二九师同侵华日军展开艰苦卓绝的斗争。1996 年，八路军一二九师司令部旧址由国务院公布为第四批全国重点文物保护单位，公布时代为 1940 年。

2020 年，数字化项目对八路军一二九师司令部旧址进行了数字化采集。除常规的照片、视频、VR 全景采集外，着重对赤岸村司令部旧址进行了大区域摄影测量建模，并通过模型制作了相关正射影像图。八路军一二九师司令部旧址的三部分遗存跨村分布文物构成较为复杂，项目组在前期调查阶段进行了详细确认（图 5-249 ~图 5-256）。

图5-249　八路军一二九师司令部旧址照片

图5-250 将军岭照片

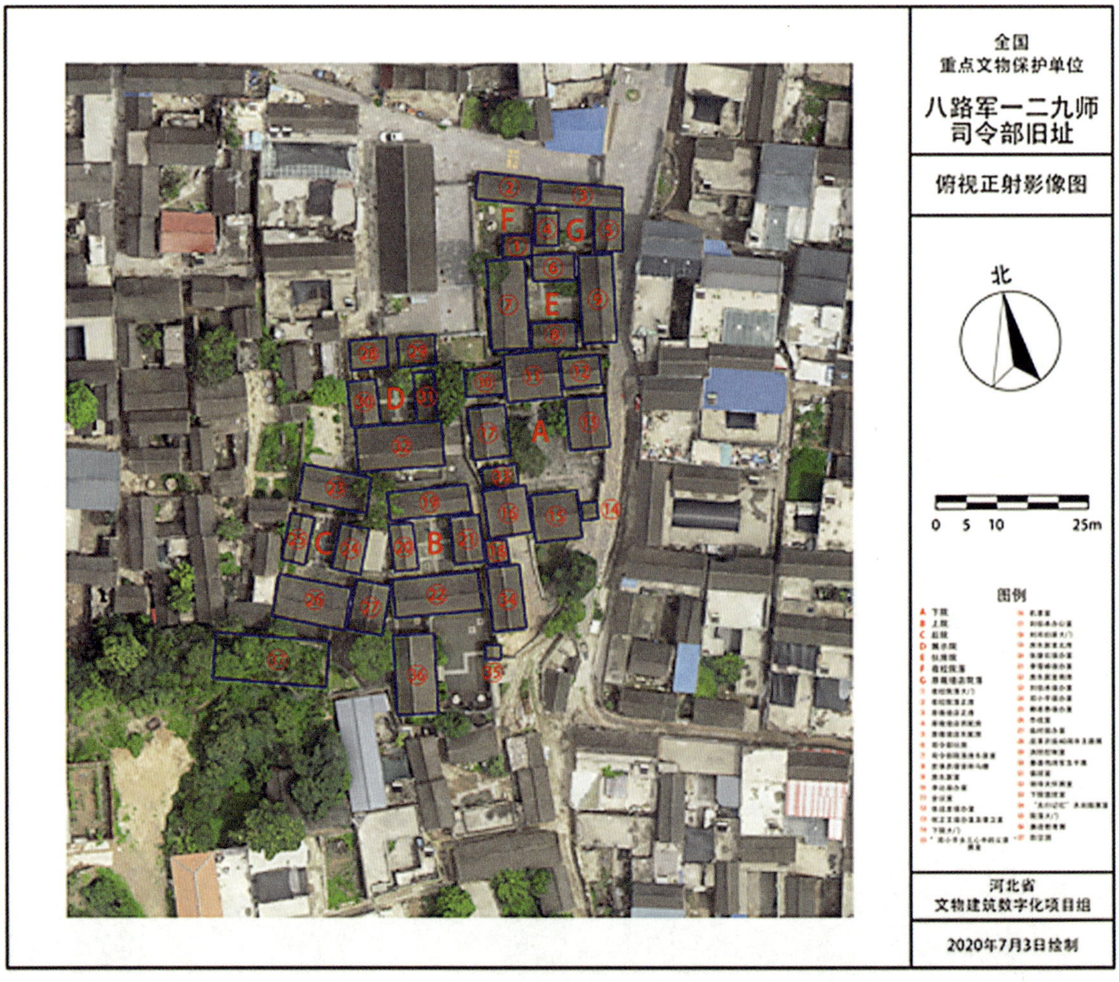

图5-251 八路军一二九师司令部旧址俯视正射影像图

图5-252　八路军一二九师司令部旧址VR全景1

图5-253　八路军一二九师司令部旧址VR全景2

图5-254 政治部礼堂旧址VR全景

图5-255 将军岭VR全景

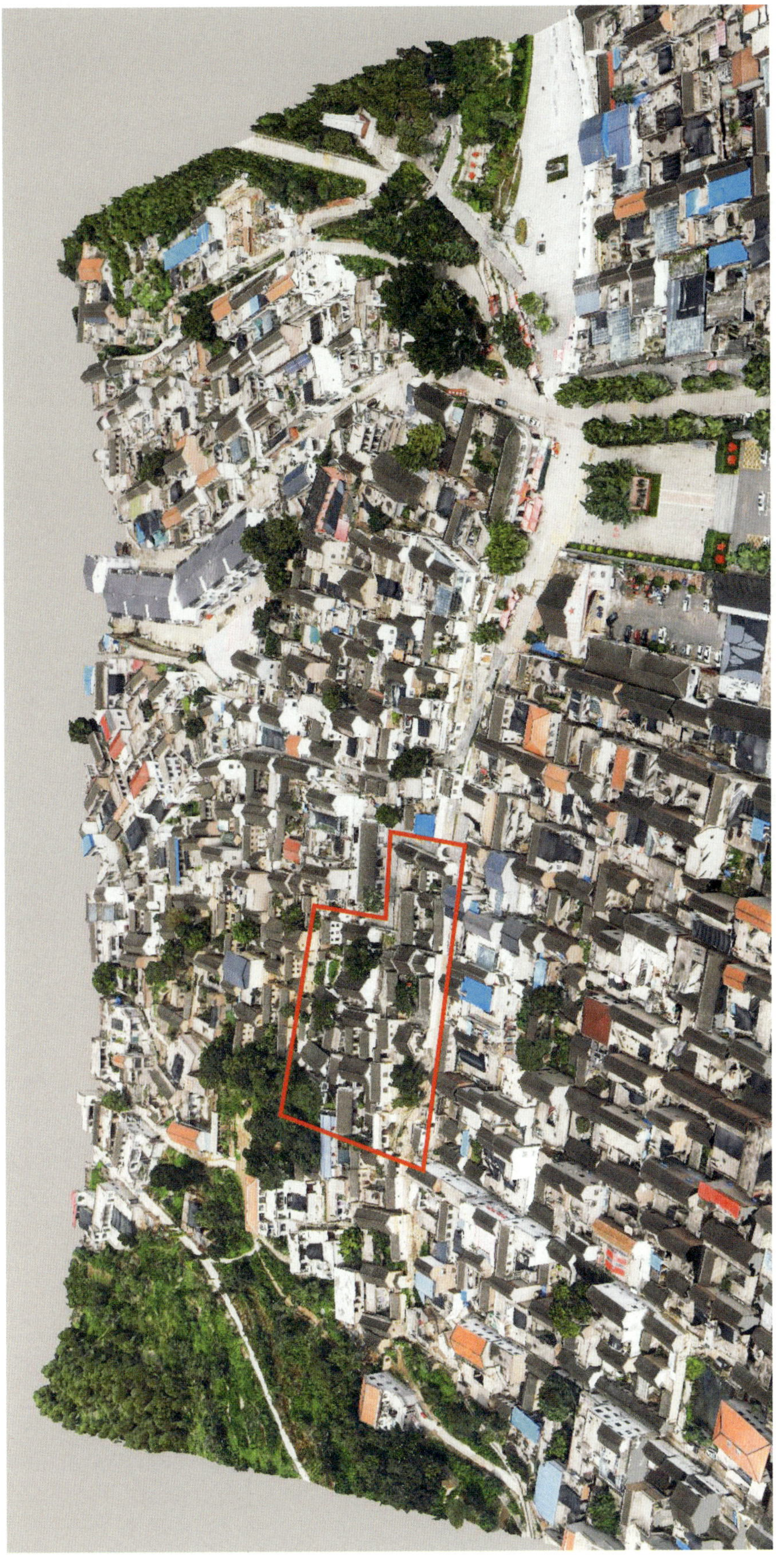

图5-256　八路军一二九师司令部旧址大区域摄影测量模型

附录

成果列表

一、2016年

石家庄市

类型	名称	级别	区县	照片	视频	VR全景	摄影测量模型	三维扫描点云
古建筑	开元寺	国保	正定县	完成	完成	完成		完成

二、2017年

邯郸市

类型	名称	级别	区县	照片	视频	VR全景	摄影测量模型	三维扫描点云
石窟寺及石刻	响堂山石窟	国保	峰峰矿区	完成	完成	完成	完成	完成

保定市

类型	名称	级别	区县	照片	视频	VR全景	摄影测量模型	三维扫描点云
古遗址	边关地道遗址	国保	雄县	完成	完成	完成	完成	完成
	卧龙岗遗址	省保	定兴县	完成	完成	完成		
	晾马台遗址	省保	容城县	完成	完成	完成	完成	
古墓葬	明清鹿氏家族墓	其他	定兴县	完成		完成	完成	
古建筑	义慈惠石柱	国保	定兴县	完成	完成	完成		
	慈云阁	国保	定兴县	完成	完成	完成		
	开善寺	国保	高碑店市	完成	完成	完成	完成	
	庆化寺花塔	国保	涞水县	完成	完成	完成	完成	
	涿州双塔	国保	涿州市	完成	完成	完成	完成	
	西岗塔	国保	涞水县	完成	完成	完成	完成	
	金门闸	国保	涿州市	完成	完成	完成	完成	
	永济桥	国保	涿州市	完成	完成	完成	完成	
	皇甫寺塔	国保	涞水县	完成	完成	完成	完成	
	金山寺舍利塔	国保	涞水县	完成	完成	完成	完成	
	下胡良桥	国保	涿州市	完成	完成	完成	完成	
	永安寺塔	国保	涿州市	完成	完成	完成	完成	
	涞水龙严寺塔	国保	涞水县	完成	完成	完成	完成	
	娄村三义庙大殿	省保	涞水县	完成	完成	完成	完成	
	楼桑庙三义宫	省保	涿州市	完成	完成	完成	完成	
	涿州清行宫	省保	涿州市	完成	完成	完成	完成	
	涿州学宫（文庙）	省保	涿州市	完成	完成	完成	完成	
	涿州药王庙	省保	涿州市	完成	完成	完成	完成	

续表

类型	名称	级别	区县	照片	视频	VR全景	摄影测量模型	三维扫描点云
古建筑	定兴文庙大成殿	省保	定兴县	完成	完成	完成		
	山西村砖塔	省保	安新县	完成	完成	完成		
	涿州古城墙	省保	涿州市	完成	完成	完成		
	灵佑观	其他	涞水县	完成		完成	完成	
	聂村戏楼	其他	涞水县	完成		完成		
	清禅寺	其他	涞水县	完成		完成	完成	
	辛庄头戏楼	其他	涞水县	完成		完成	完成	
	蔡树庵段长城	其他	涞水县	完成		完成	完成	
	大龙门城堡	其他	涞水县	完成		完成	完成	
	广明大师塔	其他	定兴县	完成		完成	完成	
	清真寺	其他	定兴县	完成		完成		
	陈阳庄城堡	其他	容城县	完成		完成		
	黑龙口燕长城	其他	容城县	完成		完成	完成	
	安州城墙	其他	安新县	完成		完成		
	圣人殿凉亭	其他	安新县	完成		完成		
	新安城墙	其他	安新县	完成		完成		
	赵北口戏楼	其他	安新县	完成		完成		
	西槐清真寺	其他	雄县	完成		完成		
	雄县城墙	其他	雄县	完成		完成		
	清真寺	其他	涿州市	完成		完成	完成	
	文殊寺弥陀殿	其他	涿州市	完成		完成	完成	
	张飞庙、张飞井	其他	涿州市	完成		完成	完成	
石窟寺及石刻	大龙门摩崖石刻	省保	涞水县	完成	完成			
	天佑寺观音像	省保	高碑店市	完成	完成			
	午方经幢	其他	容城县	完成			完成	
	重修关公祠碑	其他	高碑店市	完成			完成	
近现代重要史迹及代表性建筑	陈调元庄园	省保	安新县	完成	完成	完成		
	陈子正故居	省保	雄县	完成	完成	完成		
	肖克司令部	其他	涞水县	完成		完成	完成	
	大礼堂	其他	容城县	完成		完成		
	供销社	其他	安新县	完成		完成		

三、2018年

邢台市

类型	名称	级别	区县	照片	视频	VR全景	摄影测量模型	三维扫描点云
古墓葬	脱氏墓地	其他	新河县	完成	完成	完成	完成	
古建筑	普利寺塔	国保	临城县	完成	完成	完成	完成	
	扁鹊庙	国保	内丘县	完成	完成	完成	完成	
	邢台开元寺	国保	襄都区	完成	完成	完成	完成	
	平乡文庙大成殿	国保	平乡县	完成	完成	完成	完成	
	普彤塔	国保	南宫市	完成	完成	完成	完成	
	天宁寺前殿	国保	襄都区	完成	完成	完成	完成	
	邢台道德经幢	国保	襄都区	完成	完成		完成	
	南贾乡石塔	国保	信都区	完成	完成		完成	完成
	邢台清风楼	国保	襄都区	完成	完成	完成	完成	
	王交台牛王庙	省保	内丘县	完成	完成	完成	完成	
	中张千佛阁	省保	内丘县	完成	完成	完成	完成	完成
	威县弥勒经幢	省保	威县	完成	完成			
	灵霄山寨	省保	信都区	完成	完成	完成		
	顺德府文庙大成殿	省保	信都区	完成	完成	完成	完成	
	邢台火神庙	省保	襄都区	完成	完成	完成	完成	
	蛤蟆桥	省保	临城县	完成	完成		完成	
	潘氏贞节坊	省保	临城县	完成	完成		完成	
	息波亭及护城石堤	省保	临城县	完成	完成	完成	完成	
	兴固寺	省保	平乡县	完成	完成	完成	完成	
	八里圈清真寺	省保	临西县	完成	完成	完成	完成	
	镇水楼	省保	南宫市	完成	完成	完成		
	英谈古寨	省保	信都区	完成	完成	完成	完成	
	石佛寺砖塔	省保	隆尧县	完成	完成		完成	
	龙凤桥	其他	信都区	完成	完成		完成	
石窟寺及石刻	宋璟碑	国保	沙河市	完成	完成		完成	完成
	贾母贞节碑	省保	柏乡县	完成	完成			
	隆尧碑刻群	省保	隆尧县	完成	完成		完成	
	北柴村造像碑	省保	平乡县	完成	完成		完成	
	宋君碑	省保	南宫市	完成	完成			
	重修南宫县学碑	省保	南宫市	完成	完成		完成	
	澧水石桥碑	省保	南和区	完成	完成		完成	
	南和造像碑	省保	南和区	完成	完成		完成	
	平乡大观圣作之碑	省保	平乡县	完成	完成		完成	

续表

类型	名称	级别	区县	照片	视频	VR全景	摄影测量模型	三维扫描点云
石窟寺及石刻	广阳山石窟	省保	沙河市	完成	完成	完成	完成	
	郭村造像碑	其他	襄都区	完成	完成		完成	
	梅花赋	其他	信都区	完成	完成		完成	完成
	南良舍造像碑	其他	信都区	完成	完成		完成	
近现代重要史迹及代表性建筑	义和拳议事厅旧址	国保	威县	完成	完成	完成	完成	
	前南峪抗日军政大学旧址	省保	信都区	完成	完成	完成	完成	
	田麻痒庄园	省保	信都区	完成	完成	完成	完成	
	八路军“一二九”师东进纵队司令部旧址	省保	南宫市	完成	完成	完成	完成	
	冀鲁豫边区抗日根据地领导机关旧址	省保	南宫市	完成	完成	完成	完成	
	直隶第四初级师范学校旧址	省保	南宫市	完成	完成	完成	完成	
	侵华日军碉堡	省保	襄都区	完成	完成	完成	完成	
	顺德府仁慈医院旧址	省保	信都区	完成	完成	完成	完成	
	道沟村一二九师司令部旧址	其他	襄都区	完成	完成	完成	完成	

四、2019年

石家庄市

类型	名称	级别	区县	照片	视频	VR全景	摄影测量模型	三维扫描点云
古遗址	中山古城遗址	国保	平山县	完成	完成	完成	完成	
	井陉窑遗址	国保	井陉县	完成	完成	完成		
	台西遗址	国保	藁城区	完成	完成			
	常山郡故城	国保	元氏县	完成	完成	完成	完成	
	东垣古城遗址	国保	长安区	完成	完成			
	西张村遗址	国保	元氏县	完成	完成			
	古宋城址	国保	赵县	完成	完成			
	伏羲台遗址	国保	新乐市	完成	完成			
	九门城址	省保	藁城区	完成	完成			
	前西关遗址	省保	藁城区	完成	完成			
	西洋村遗址	省保	正定县	完成	完成			
	小客遗址	省保	正定县	完成	完成			
	西门外遗址	省保	平山县	完成	完成			
	房子城遗址	省保	高邑县	完成	完成			
	万坡顶遗址	省保	赞皇县	完成	完成			

续表

类型	名称	级别	区县	照片	视频	VR 全景	摄影测量 模型	三维 扫描点云
古遗址	宋村遗址	省保	赵县	完成	完成		完成	
	靳庄商代遗址	省保	藁城区	完成	完成			
	栾武台遗址	省保	栾城区	完成	完成			
	千秋台遗址	省保	高邑县	完成	完成			
	双庙遗址	省保	赵县	完成	完成			
	故郡遗址	省保	行唐县	完成	完成			
	王母阁遗址与王母墓地	省保	平山县	完成	完成			
	东苏阳遗址	省保	元氏县	完成	完成			
	西韩台遗址	省保	元氏县	完成	完成			
	畦家营遗址	省保	赵县	完成	完成			
古墓葬	赞皇李氏墓群	国保	赞皇县	完成	完成	完成		
	无极甄氏墓群	国保	无极县	完成	完成	完成	完成	
	赵佗先人墓	省保	新华区	完成	完成			
	柿庄壁画墓	省保	井陉县	完成	完成			
	东韩台古墓	省保	元氏县	完成	完成			
	各子墓群	省保	赵县	完成	完成			
	石氏家族墓	省保	藁城区	完成	完成			
	高庄汉墓	省保	鹿泉区	完成	完成			
	高邑赵村古墓	省保	高邑县	完成	完成			
	许家郭汉墓	省保	赵县	完成	完成			
	南董元代古墓群	省保	藁城区	完成	完成			
	李宪墓	省保	赵县	完成	完成			
	尖岭古墓	省保	裕华区	完成	完成			
	柴武台古墓	省保	栾城区	完成	完成		完成	
	唐家垴古墓群	省保	井陉县	完成	完成			
	正定王氏家族墓地	省保	正定县	完成	完成			
	晋州朱氏家族墓地	省保	晋州市	完成	完成			
古建筑	广惠寺华塔	国保	正定县	完成	完成	完成	完成	
	安济桥	国保	赵县	完成	完成	完成	完成	完成
	永通桥	国保	赵县	完成	完成	完成	完成	完成
	赵州陀罗尼经幢	国保	赵县	完成	完成		完成	完成
	凌霄塔	国保	正定县	完成	完成	完成	完成	
	毗卢寺	国保	新华区	完成	完成	完成	完成	
	天护陀罗尼经幢	国保	井陉矿区	完成	完成		完成	
	正定文庙大成殿	国保	正定县	完成	完成	完成	完成	
	治平寺石塔	国保	赞皇县	完成	完成		完成	完成

续表

类型	名称	级别	区县	照片	视频	VR 全景	摄影测量模型	三维扫描点云
古建筑	临济寺澄灵塔	国保	正定县	完成	完成		完成	
	幽居寺塔	国保	灵寿县	完成	完成	完成	完成	
	福庆寺	国保	井陉县	完成	完成	完成	完成	
	井陉古驿道	国保	井陉县	完成	完成			
	正定府文庙	国保	正定县	完成	完成	完成	完成	
	万寿寺塔林	国保	平山县	完成	完成	完成	完成	
	柏林寺塔	国保	赵县	完成	完成		完成	
	井陉旧城城墙	国保	井陉县	完成	完成		完成	
	正定城墙	国保	正定县	完成	完成			
	灵寿石牌坊	国保	灵寿县	完成	完成	完成	完成	完成
	开化寺塔	国保	元氏县	完成	完成			
	正定梁氏宗祠	国保	正定县	完成	完成			
	崇宁真君庙牌楼	省保	桥西区	完成	完成		完成	
	南寨清凉阁	省保	井陉矿区	完成	完成	完成	完成	
	韩庄龙泉寺经幢	省保	鹿泉区	完成	完成		完成	
	彪村兴隆寺	省保	井陉县	完成	完成			
	井陉城隍庙	省保	井陉县	完成	完成	完成	完成	
	井陉文庙大殿	省保	井陉县	完成	完成			
	燕趣村琉璃殿	省保	行唐县	完成	完成	完成	完成	
	封崇寺	省保	行唐县	完成	完成	完成	完成	
	行唐城隍庙大殿	省保	行唐县	完成	完成	完成	完成	
	升仙桥	省保	行唐县	完成	完成			
	赵南星祠堂	省保	高邑县	完成	完成			
	深泽文庙大成殿	省保	深泽县	完成	完成	完成	完成	
	深泽真武庙	省保	深泽县	完成	完成	完成	完成	
	平山文庙	省保	平山县	完成	完成	完成	完成	
	新乐文庙大成殿	省保	新乐市	完成	完成			
	金河寺大殿	省保	鹿泉区	完成	完成			
	土门关	省保	鹿泉区	完成	完成			
	通济桥	省保	井陉县	完成	完成			
	于家村古村落	省保	井陉县	完成	完成		完成	
	行唐文庙大成殿	省保	行唐县	完成	完成	完成	完成	
	新乐清真寺	省保	新乐市	完成	完成			
	新乐玉皇殿	省保	新乐市	完成	完成			
	永安桥	省保	新华区	完成	完成			
	膏梁桥	省保	鹿泉区	完成	完成			

续表

类型	名称	级别	区县	照片	视频	VR全景	摄影测量模型	三维扫描点云
古建筑	栾城文庙大成殿	省保	栾城区	完成	完成			
	清明桥	省保	栾城区	完成	完成			
	皆山书院	省保	井陉县	完成	完成	完成		
	天长镇大石桥	省保	井陉县	完成	完成		完成	
	天长镇王家大院	省保	井陉县	完成	完成	完成		
	吴桥	省保	元氏县	完成	完成			
	中同龙王庙	省保	新乐市	完成	完成			
	崇因寺藏经楼	省保	正定县	完成	完成			
	深泽永济桥	省保	深泽县	完成	完成		完成	
	风铃阁	省保	元氏县	完成	完成			
石窟寺及石刻	大唐清河郡王纪功载政之颂碑	国保	正定县	完成	完成			
	大观圣作之碑	国保	赵县	完成	完成		完成	
	瑜伽山摩崖造像	国保	平山县	完成	完成			
	封龙山石窟	国保	元氏县	完成	完成	完成	完成	
	千佛崖石窟	省保	井陉县	完成	完成			
	林山石佛堂	省保	平山县	完成	完成	完成		
	白佛村石造像	省保	长安区	完成	完成			
	东良厢石造像	省保	桥西区	完成	完成			
	抱犊山石窟及石刻	省保	鹿泉区	完成	完成	完成		
	龙窝寺石窟	省保	井陉县	完成	完成			
	祀三公山碑、白石神君碑	省保	元氏县	完成	完成			
	两岭口摩崖造像	省保	行唐县	完成	完成			
近现代重要史迹及代表性建筑	西柏坡中共中央旧址	国保	平山县	完成	完成	完成	完成	
	中国人民银行总行旧址	国保	新华区	完成	完成			
	正丰矿工业建筑群	国保	井陉矿区	完成	完成	完成	完成	
	吴禄贞墓	省保	长安区	完成	完成			
	白求恩墓	省保	桥西区	完成	完成			
	柯棣华墓	省保	桥西区	完成	完成			
	梅花村惨案遗址	省保	藁城区	完成	完成			
	石家庄大石桥	省保	新华区	完成	完成	完成	完成	
	申后高氏民宅	省保	鹿泉区	完成	完成	完成		
	铁行会馆	省保	鹿泉区	完成	完成	完成		
	河北省博物馆	省保	长安区	完成	完成			
	井陉煤矿老井、皇冠塔	省保	井陉矿区	完成	完成	完成	完成	
	井陉煤矿总办大楼	省保	井陉矿区	完成	完成			
	中央人民广播电台旧址	省保	井陉矿区	完成	完成			

续表

类型	名称	级别	区县	照片	视频	VR全景	摄影测量模型	三维扫描点云
近现代重要史迹及代表性建筑	行唐县抗日烈士纪念塔	省保	行唐县	完成	完成			
	陈庄歼灭战旧址	省保	灵寿县	完成	完成			
	晋察冀边区爆炸英雄李混子制雷旧址	省保	新乐市	完成	完成			
	华北制药厂办公楼	省保	长安区	完成	完成			
	石家庄电报局营业厅旧址	省保	桥西区	完成	完成			
	石家庄日本宪兵司令部旧址	省保	桥西区	完成	完成			
	石家庄市政府交际处309号院旧址	省保	桥西区	完成	完成			
	合作路81号院	省保	新华区	完成	完成			
	懋华亭	省保	新华区	完成	完成			
	石家庄车辆厂法式别墅	省保	新华区	完成	完成			
	正太饭店	省保	新华区	完成	完成			
	井陉矿区南大沟万人坑遗址	省保	井陉矿区	完成	完成	完成		
	挂云山六壮士跳崖遗址	省保	井陉县	完成	完成			
	洪河槽村聂荣臻指挥部旧址	省保	井陉县	完成	完成			
	华北育才小学旧址	省保	井陉县	完成	完成			
	沕沕水电厂旧址	省保	平山县	完成	完成	完成		
	罗汉坪军工烈士纪念塔	省保	平山县	完成	完成			
	乏驴岭铁桥	省保	井陉县	完成	完成			
	井陉日伪驻军旧址	省保	井陉县	完成	完成	完成		
	华北大学旧址	省保	正定县	完成	完成	完成		
	平山县侵华日军堡垒群	省保	平山县	完成	完成			

秦皇岛市

类型	名称	级别	区县	照片	视频	VR全景	摄影测量模型	三维扫描点云
古遗址	北戴河秦行宫遗址	国保	北戴河区	完成	完成			
	板厂峪窑址群遗址	国保	海港区	完成	完成			
	红山长城采石场遗址	省保	卢龙县	完成	完成			
	白云山庆福寺遗址	省保	海港区	完成	完成		完成	
	山海关副都统衙署遗址	省保	山海关区	完成	完成			
	水岩寺遗址	省保	昌黎县	完成	完成		完成	
古建筑	源影寺塔	国保	昌黎县	完成	完成	完成	完成	完成
	永平府城墙	国保	卢龙县	完成	完成	完成	完成	
	板厂峪塔	省保	海港区	完成	完成			
	孟姜女庙	省保	山海关区	完成	完成	完成		
	宝峰禅寺	省保	抚宁区	完成	完成			

续表

类型	名称	级别	区县	照片	视频	VR全景	摄影测量模型	三维扫描点云
古建筑	先师庙	省保	山海关区	完成	完成		完成	
	北戴河观音寺	省保	北戴河区	完成	完成			
	背牛顶太清观	省保	抚宁区	完成	完成			
	韩文公祠	省保	昌黎县	完成	完成			
	白衣庵	省保	卢龙县	完成	完成			
	双阳塔	省保	昌黎县	完成	完成			
	西山场赵家老宅	省保	昌黎县	完成	完成		完成	
	垂花门	其他	昌黎县	完成	完成		完成	
	高公亭	其他	昌黎县	完成	完成			
石窟寺及石刻	大佛顶尊胜陀罗尼经幢	国保	卢龙县	完成	完成		完成	
	天马山石刻	省保	抚宁区	完成	完成			
	傍水崖古战场碑刻	省保	海港区	完成	完成		完成	
近现代重要史迹及代表性建筑	山海关八国联军营盘旧址	国保	山海关区	完成	完成	完成		
	北戴河近代建筑群	国保	北戴河区	完成	完成	完成		
	秦皇岛港口近代建筑群	国保	海港区	完成	完成			
	耀华玻璃厂旧址	国保	海港区	完成	完成	完成		
	南大街绸布庄	省保	山海关区	完成	完成	完成		
	山海关近现代铁路附属建筑	省保	山海关区	完成	完成	完成		
	田中玉公馆	省保	山海关区	完成	完成	完成		
	贵贞女学馆贵贞楼	省保	昌黎县	完成	完成	完成		
	天主教永平主教府修道院	省保	卢龙县	完成	完成			
	山海关季大夫楼	省保	山海关区	完成	完成			
	烈士陵园	其他	昌黎县	完成	完成		完成	

沧州市

类型	名称	级别	区县	照片	视频	VR全景	摄影测量模型	三维扫描点云
其他	沧州铁狮子	国保	沧县	完成	完成	完成	完成	完成

廊坊市

类型	名称	级别	区县	照片	视频	VR全景	摄影测量模型	三维扫描点云
古遗址	边关地道遗址	国保	永清县	完成	完成	完成		
	孟各庄遗址	省保	三河市	完成	完成			
	刘白塔村遗址	省保	三河市	完成	完成			
	小王东遗址	省保	文安县	完成	完成			
	临洵故城城址	省保	三河市	完成	完成			

续表

类型	名称	级别	区县	照片	视频	VR全景	摄影测量模型	三维扫描点云
古墓葬	龙冢	省保	大城县	完成	完成			
	唐王坟	省保	文安县	完成	完成			
	郭底村墓群	省保	大城县	完成	完成			
	齐圪obsidian汉墓	省保	大城县	完成	完成			
	李松墓	省保	大城县	完成	完成			
古建筑	大辛阁石塔	国保	永清县	完成	完成		完成	
	龙泉寺大殿	省保	霸州市	完成	完成			
	灵山塔	省保	三河市	完成	完成			
	胜芳王家大院	省保	霸州市	完成	完成	完成		
	胜芳张家大院	省保	霸州市	完成	完成	完成		
石窟寺及石刻	张仁宪神道碑	省保	文安县	完成	完成		完成	
	碑碣苑	其他	廊坊市	完成	完成	完成	完成	

五、2020年

唐山市

类型	名称	级别	区县	照片	视频	VR全景	摄影测量模型	三维扫描点云
古遗址	西寨遗址	国保	迁西县	完成	完成			
	爪村遗址	国保	迁安市	完成	完成			
	龟地遗址	国保	丰润区	完成	完成			
	孟家泉遗址	国保	玉田县	完成	完成			
	万军山遗址	国保	迁安市	完成	完成			
	大城山遗址	省保	路北区	完成	完成			
	安新庄遗址	省保	迁安市	完成	完成			
	封山寺遗址	省保	迁安市	完成	完成			
	双桥遗址	省保	开平区	完成	完成			
	大岭寨明长城灰窑群	省保	迁西县	完成	完成			
	大岭寨明长城砖窑群	省保	迁西县	完成	完成			
	贺家山遗址	省保	迁西县	完成	完成			
	三屯营城址	省保	迁西县	完成	完成			
	后迁义遗址	省保	滦州市	完成	完成			
	朗石台遗址	省保	滦州市	完成	完成			
	白各庄遗址	省保	丰润区	完成	完成			
	古石城遗址	省保	丰润区	完成	完成			
	韩家街遗址	省保	丰润区	完成	完成			

续表

类型	名称	级别	区县	照片	视频	VR全景	摄影测量模型	三维扫描点云
古遗址	土垠城址	省保	丰润区	完成	完成			
	东庄店遗址	省保	滦南县	完成	完成			
	西张士坎遗址	省保	滦南县	完成	完成			
	小贾庄汉代古战场遗址	省保	滦南县	完成	完成			
	小贾庄莲台寺遗址	省保	滦南县	完成	完成			
	独幽城遗址	省保	乐亭县	完成	完成			
	汤泉遗址	省保	遵化市	完成	完成			
	马哨小山子遗址	省保	迁安市	完成	完成			
古墓葬	成兆才墓	省保	滦南县	完成	完成			
	上炉辽墓	省保	迁安市	完成	完成			
	小东庄古墓群	省保	迁安市	完成	完成			
古建筑	寿峰寺	国保	丰润区	完成	完成	完成		
	天宫寺塔	国保	丰润区	完成	完成		完成	
	净觉寺	国保	玉田县	完成	完成	完成	完成	完成
	滦河铁桥	国保	滦州市	完成	完成			
	景忠山碧霞元君庙	省保	迁西县	完成	完成	完成	完成	
	永旺塔	省保	遵化市	完成	完成			
	潮音寺	省保	乐亭县	完成	完成			
	彩亭石桥	省保	玉田县	完成	完成		完成	
	洪山口戏楼	省保	遵化市	完成	完成			
	多宝佛塔	省保	古冶区	完成	完成		完成	
	玉煌塔	省保	丰润区	完成	完成			
	达王庄王氏宗祠	省保	玉田县	完成	完成			
	保安塔	省保	遵化市	完成	完成			
石窟寺及石刻	戚继光镇府碑	省保	迁西县	完成	完成			
	五里山摩崖造像	省保	迁安市	完成	完成			
	磕头山造像（罗汉洞摩崖造像）	省保	滦州市	完成	完成	完成		完成
	凤凰山碑刻	其他	路北区	完成			完成	
近现代重要史迹及代表性建筑	李大钊故居	国保	乐亭县	完成	完成	完成		
	唐山大地震遗址	国保	路南区	完成	完成		完成	
	丰润中学校旧址	国保	丰润区	完成	完成	完成		
	潘家峪惨案遗址	国保	丰润区	完成	完成			
	开滦唐山矿早期工业遗存	国保	路南区	完成	完成	完成		
	唐山陶瓷厂办公楼地震遗迹	省保	路北区	完成	完成	完成		
	潘家戴庄惨案遗址	省保	滦南县	完成	完成	完成		
	江浩故居	省保	玉田县	完成	完成	完成		

续表

类型	名称	级别	区县	照片	视频	VR全景	摄影测量模型	三维扫描点云
近现代重要史迹及代表性建筑	喜峰口长城抗战旧址	省保	迁西县	完成	完成			
	冀东二十五县烈士陵园与抗战胜利纪念楼	省保	丰润区	完成	完成			
	张佩纶墓	省保	丰润区	完成	完成			
	张人骏墓	省保	丰润区	完成	完成			
	唐山矿二号、三号井	省保	路南区	完成	完成	完成		

邯郸市

类型	名称	级别	区县	照片	视频	VR全景	摄影测量模型	三维扫描点云
古遗址	赵邯郸故城	国保	邯山区	完成	完成	完成		
	邺城遗址	国保	临漳县	完成	完成	完成		
	磁山遗址	国保	武安市	完成	完成			
	磁州窑遗址	国保	磁县、峰峰矿区	完成	完成			
	石北口遗址	国保	永年区	完成	完成			
	大名府故城	国保	大名县	完成	完成			
	讲武城遗址	国保	磁县	完成	完成	完成		
	涧沟遗址	国保	复兴区	完成	完成			
	南城村遗址	国保	磁县	完成	完成			
	固镇古城遗址	国保	武安市	完成	完成	完成		
	插箭岭遗址	省保	复兴区	完成	完成			
	王郎城址	省保	复兴区	完成	完成			
	下七垣遗址	省保	磁县	完成	完成			
	牛洼堡遗址	省保	武安市	完成	完成			
	午汲古城	省保	武安市	完成	完成			
	西店子古城	省保	武安市	完成	完成			
	赵窑遗址	省保	武安市	完成	完成			
	龟台遗址	省保	复兴区	完成	完成			
	易阳城址	省保	永年区	完成	完成			
	东大河遗址	省保	武安市	完成	完成			
	东万年遗址	省保	武安市	完成	完成			
	念头遗址	省保	武安市	完成	完成			
	西万年遗址	省保	武安市	完成	完成			
	昭惠王祠遗址	省保	永年区	完成	完成			
	安二庄遗址	省保	武安市	完成	完成			
	北田村遗址	省保	武安市	完成	完成			

续表

类型	名称	级别	区县	照片	视频	VR全景	摄影测量模型	三维扫描点云
古遗址	徘徊遗址	省保	武安市	完成	完成			
	邑城古城	省保	武安市	完成	完成			
	新桥遗址	省保	涉县	完成	完成			
	东武仕遗址	省保	磁县	完成	完成			
	东洞桑树地遗址	省保	武安市	完成	完成			
古墓葬	磁县北朝墓群	国保	磁县	完成	完成	完成		
	赵王陵	国保	永年区、丛台区	完成	完成	完成		
	林村墓群	国保	复兴区	完成	完成			
	北张庄墓群	国保	邯山区	完成	完成			
	马头古墓	省保	邯山区	完成	完成			
	插箭岭墓群	省保	复兴区	完成	完成			
	平原君赵胜墓	省保	肥乡区	完成	完成			
	方头固冢	省保	永年区	完成	完成			
	万堤古墓	省保	大名县	完成	完成			
	涂氏先茔	省保	涉县	完成	完成	完成		
	紫罗古墓群	省保	武安市	完成	完成			
	乐毅墓	省保	邯山区	完成	完成			
	胡瓒墓	省保	永年区	完成	完成			
	永年徐氏家族墓地	省保	永年区	完成	完成			
	永年赵氏家族墓地	省保	永年区	完成	完成			
	郭彬墓	省保	大名县	完成	完成			
	魏县刘氏家族墓地	省保	魏县	完成	完成			
	曲周段氏家族墓地	省保	曲周县	完成	完成		完成	
	西张庄墓群	省保	肥乡区	完成	完成			
古建筑	娲皇宫及石刻	国保	涉县	完成	完成	完成	完成	
	纸坊玉皇阁	国保	峰峰矿区	完成	完成	完成	完成	
	弘济桥	国保	永年区	完成	完成	完成	完成	完成
	永年城	国保	永年区	完成	完成	完成		
	成汤庙山门	国保	涉县	完成	完成	完成	完成	
	黄粱梦吕仙祠	国保	丛台区	完成	完成	完成	完成	
	滏阳河西八闸	国保	永年区	完成	完成			
	常乐龙王庙正殿	国保	涉县	完成	完成	完成	完成	
	玉泉寺大殿	国保	涉县	完成	完成		完成	完成
	九江圣母庙	国保	武安市	完成	完成		完成	
	天青寺大殿	国保	武安市	完成	完成		完成	

续表

类型	名称	级别	区县	照片	视频	VR全景	摄影测量模型	三维扫描点云
古建筑	涉县清泉寺	国保	涉县	完成	完成	完成	完成	
	武安舍利塔	国保	武安市	完成	完成	完成	完成	
	武灵丛台	省保	丛台区	完成	完成	完成		
	古地道	省保	峰峰矿区	完成	完成			
	城隍庙大殿	省保	磁县	完成	完成			
	崇庆寺	省保	涉县	完成	完成	完成	完成	
	固新洞阳观	省保	涉县	完成	完成	完成	完成	完成
	西戌昭福寺	省保	涉县	完成	完成	完成	完成	
	武安城隍庙	省保	武安市	完成	完成			
	西营井经幢	省保	武安市	完成	完成		完成	
	圣井岗龙神庙	省保	复兴区	完成	完成	完成		
	杨露禅、武禹襄故居	省保	永年区	完成	完成	完成		
	磁县崔府君庙	省保	磁县	完成	完成	完成		
	禅房寺	省保	武安市	完成	完成		完成	
	郭家庄园	省保	武安市	完成	完成	完成		
	贺进十字阁	省保	武安市	完成	完成	完成		
	净明寺	省保	武安市	完成	完成	完成		
	南岗塔	省保	武安市	完成	完成	完成	完成	
	南河底南阁	省保	武安市	完成	完成	完成		
	通济桥	省保	邯山区	完成	完成			
	风月关	省保	峰峰矿区	完成	完成	完成		
	武汝清故居（武家大院）	省保	永年区	完成	完成	完成		
	大名古城墙	省保	大名县	完成	完成	完成		
	磁县滏阳桥	省保	磁县	完成	完成	完成	完成	
	安子岭古村落及山寨	省保	武安市	完成	完成	完成		
	伯延历史建筑群	省保	武安市	完成	完成	完成		
	大智寺	省保	武安市	完成	完成	完成		
	沙洺戏楼及龙王庙	省保	武安市	完成	完成	完成	完成	
	淑村朱家庄园	省保	武安市	完成	完成	完成		
	武安古城墙	省保	武安市	完成	完成	完成		
	玉峰塔	省保	武安市	完成	完成		完成	
	张氏节孝坊	省保	武安市	完成	完成	完成		
	河北铺进士府	省保	永年区	完成	完成	完成		
	原曲大庙	省保	涉县	完成	完成	完成	完成	
	北安庄塔	省保	武安市	完成	完成		完成	
	刘家大院	其他	涉县	完成				

续表

类型	名称	级别	区县	照片	视频	VR 全景	摄影测量 模型	三维 扫描点云
古建筑	冶陶南阁	其他	武安市	完成		完成		
石窟寺及石刻	五礼记碑	国保	大名县	完成	完成			
	水浴寺石窟	国保	峰峰矿区	完成	完成	完成	完成	
	朱山石刻	国保	永年区	完成	完成			
	禅果寺遗址	国保	武安市	完成	完成		完成	
	法华洞石窟	国保	武安市	完成	完成			
	狄仁杰祠堂碑	国保	大名县	完成	完成	完成		
	曲里千佛洞石窟	国保	涉县	完成	完成	完成	完成	
	窦默墓碑	省保	肥乡区	完成	完成			
	罗让碑	省保	大名县	完成	完成			
	马文操神道碑	省保	大名县	完成	完成			
	朱熹写经碑	省保	大名县	完成	完成			
	古炼铁炉	省保	武安市	完成	完成			
	古嵷山寺重起为铭记碑	省保	武安市	完成	完成			
	千佛洞石窟	省保	武安市	完成	完成	完成		
	苍龙山石窟	省保	峰峰矿区	完成	完成	完成		
	老爷山石佛龛	省保	峰峰矿区	完成	完成	完成		
	佛岩脑石佛龛	省保	涉县	完成	完成	完成		完成
	林旺石窟	省保	涉县	完成	完成	完成		
	艾叶交石窟	省保	涉县	完成	完成	完成		
	堂沟石窟	省保	涉县	完成	完成	完成		
	赵王庙石刻	省保	磁县	完成	完成	完成		
	白家庄摩崖造像	省保	武安市	完成	完成	完成		
	沙圪塔诫碑	省保	大名县	完成	完成			
	炉峰山碑刻	省保	磁县	完成	完成			
	柏林后土祠及石刻	省保	武安市	完成	完成			
	慧果寺石刻	省保	武安市	完成	完成			
	瑞云庵石刻	省保	武安市	完成	完成			
	赵国易阳南界石刻	省保	武安市	完成	完成			
近现代重要史迹及代表性建筑	八路军一二九师司令部旧址	国保	涉县	完成	完成	完成	完成	
	中共晋冀鲁豫中央局和军区旧址	国保	武安市	完成	完成	完成		
	大名天主堂	国保	大名县	完成	完成	完成		
	晋冀鲁豫边区政府旧址	国保	涉县	完成	完成	完成		
	左权将军墓	国保	邯山区	完成	完成	完成		
	晋冀鲁豫军区西达兵工厂旧址	省保	涉县	完成	完成	完成		
	晋冀鲁豫抗日殉国烈士公墓旧址	省保	涉县	完成	完成	完成		

续表

类型	名称	级别	区县	照片	视频	VR全景	摄影测量模型	三维扫描点云
近现代重要史迹及代表性建筑	邯郸起义指挥部旧址	省保	邯山区	完成	完成	完成		
	邯郸展览馆建筑群	省保	丛台区	完成	完成	完成		
	王顺庄园	省保	武安市	完成	完成	完成		
	晋冀鲁豫烈士陵园	省保	邯山区	完成	完成	完成		
	邯郸战役革命烈士墓群	省保	成安县	完成	完成			
	宣圣会医院旧址	省保	大名县	完成	完成	完成		
	王占元宗祠	省保	馆陶县	完成	完成	完成		
	大贺庄影壁	省保	武安市	完成	完成		完成	
	山底抗日地道遗址	省保	峰峰矿区	完成	完成	完成		
	通二矿旧址	省保	峰峰矿区	完成	完成			
	太行行署礼堂旧址	省保	涉县	完成	完成	完成		
	柯鲁克夫妇旧居	其他	武安市	完成		完成		
	人民日报旧址	其他	武安市	完成		完成		

邢台市

类型	名称	级别	区县	照片	视频	VR全景	摄影测量模型	三维扫描点云
古遗址	邢窑遗址	国保	临城县、内丘县	完成	完成			
	东先贤遗址	国保	信都区	完成	完成			
	补要村遗址	国保	临城县	完成	完成			
	柏人城遗址	国保	隆尧县	完成	完成	完成		
	临清古城遗址	国保	临西县	完成	完成			
	后底阁遗址	国保	南宫市	完成	完成			
	鹿城岗城址	国保	信都区	完成	完成			
	贝州故城遗址	国保	清河县	完成	完成			
	巨鹿故城遗址	省保	巨鹿县	完成	完成			
	曹演庄遗址	省保	信都区	完成	完成			
	柏畅城遗址	省保	临城县	完成	完成			
	尧山城址	省保	隆尧县	完成	完成			
	杜村遗址	省保	清河县	完成	完成			
	沙丘平台遗址	省保	广宗县	完成	完成			
	临城煤矿遗址	省保	临城县	完成	完成			
	董家村寺庙遗址	省保	平乡县	完成	完成			
	钜鹿郡城遗址	省保	平乡县	完成	完成			
	王固遗址	省保	平乡县	完成	完成			
	张家屯遗址	省保	平乡县	完成	完成			

续表

类型	名称	级别	区县	照片	视频	VR全景	摄影测量模型	三维扫描点云
古遗址	小关村遗址	省保	南宫市	完成	完成			
古墓葬	隆尧唐祖陵	国保	隆尧县	完成	完成	完成		完成
	邢国墓地	国保	信都区	完成	完成			
	韩厥墓	省保	内丘县	完成	完成			
	塔底村古墓	省保	宁晋县	完成	完成			
	冢子村古墓	省保	清河县	完成	完成			
	吴村古墓	省保	南和区	完成	完成			
	西镇李氏墓	省保	临城县	完成	完成			
	曹鼐墓	省保	宁晋县	完成	完成			
	邹氏墓群	省保	平乡县	完成	完成			
	朱正色墓	省保	南和区	完成	完成			
	左村古墓	省保	南和区	完成	完成			
	乔氏墓群	省保	临城县	完成	完成			
	任敖墓	省保	隆尧县	完成	完成			
	小架梅花拳创始人张从富墓	省保	平乡县	完成	完成			
	内丘宋代家族墓地	省保	内丘县	完成	完成			
	广宗王刘如意墓	省保	威县	完成	完成			
	王伯大墓	省保	威县	完成	完成			
	王浚墓	省保	威县	完成	完成			
	南宫白氏家族墓地	省保	南宫市	完成	完成			
	游雅墓	省保	任泽区	完成	完成			
古建筑	广宗官署正堂	省保	广宗县	完成	完成	完成	完成	

沧州市

类型	名称	级别	区县	照片	视频	VR全景	摄影测量模型	三维扫描点云
古遗址	海丰镇遗址	国保	黄骅市	完成	完成			
	沧州旧城	国保	沧县	完成	完成	完成		
	武垣城址	国保	肃宁县	完成	完成	完成	完成	
	哑叭庄遗址	国保	任丘市	完成	完成			
	郛堤城遗址	国保	黄骅市	完成	完成	完成		
	乐城遗址	省保	献县	完成	完成			
	河沟遗址	省保	东光县	完成	完成			
	海兴制盐遗址	省保	海兴县	完成	完成			
	旧城古城址	省保	黄骅市	完成	完成			
	武帝台遗址	省保	黄骅市	完成	完成			

续表

类型	名称	级别	区县	照片	视频	VR全景	摄影测量模型	三维扫描点云
古遗址	古皮城遗址	省保	南皮县	完成	完成			
古墓葬	献县汉墓群	国保	献县	完成	完成	完成		
	纪晓岚墓地	国保	沧县	完成	完成			
	尹吉甫墓	省保	南皮县	完成	完成			
	戚继光墓	省保	献县	完成	完成			
	刘完素墓	省保	河间市	完成	完成			
	前高龙华古墓（传袁绍墓）	省保	沧县	完成	完成			
	刘阳墓	省保	海兴县	完成	完成			
	王翱墓	省保	孟村回族自治县	完成	完成			
	左敬祖墓	省保	河间市	完成	完成			
	沧州戴氏家族墓地	省保	新华区	完成	完成			
	刘焘墓	省保	运河区	完成	完成			
	刘师傅墓地	省保	沧县	完成	完成			
	刘谬王墓地	省保	东光县	完成	完成			
	马致远墓	省保	东光县	完成	完成			
	毛公墓	省保	河间市	完成	完成			
古建筑	泊头清真寺	国保	泊头市	完成	完成	完成		
	单桥	国保	献县	完成	完成	完成	完成	
	登瀛桥	国保	沧县	完成	完成	完成	完成	
	清真北大寺	省保	新华区	完成	完成	完成	完成	
	沧州文庙	省保	运河区	完成	完成	完成		
	庆云泰山行宫	省保	盐山县	完成	完成	完成		
	庆云文庙大成殿	省保	盐山县	完成	完成	完成		
	庆云县衙署二堂	省保	盐山县	完成	完成			
	盐山武庙大殿	省保	盐山县	完成	完成			
	澜阳书院	省保	吴桥县	完成	完成			
石窟寺及石刻	石金刚	省保	南皮县	完成	完成		完成	
	石牛	省保	吴桥县	完成	完成		完成	
	海码头石菩萨	省保	沧县	完成	完成		完成	
近现代重要史迹及代表性建筑	马厂炮台	国保	青县	完成	完成			
	光明戏院	国保	河间市	完成	完成		完成	
	白求恩手术室旧址	省保	河间市	完成	完成	完成		
	正泰茶庄	省保	运河区	完成	完成		完成	
	青县铁路给水所	省保	青县	完成	完成			
	孙福友故居	省保	吴桥县	完成	完成			

续表

类型	名称	级别	区县	照片	视频	VR全景	摄影测量模型	三维扫描点云
近现代重要史迹及代表性建筑	冯国璋故居	省保	河间市	完成	完成			
	吕宅	其他	运河区	完成	完成			
其他	聚馆古贡枣园	国保	黄骅市	完成	完成			

衡水市

类型	名称	级别	区县	照片	视频	VR全景	摄影测量模型	三维扫描点云
古遗址	冀州古城遗址	国保	冀州区	完成	完成			
	花园遗址	省保	武强县	完成	完成			
	渍水堤遗址	省保	武强县	完成	完成			
	圣姑庙遗址	省保	安平县	完成	完成			
	西周庄遗址	省保	景县	完成	完成			
	竹林寺遗址	其他	冀州区	完成	完成			
	通明宫遗址	其他	枣强县	完成	完成			
	周窝村商代遗址	其他	武强县	完成	完成			
古墓葬	封氏墓群	国保	景县	完成	完成	完成		
	逯家庄壁画墓	国保	安平县	完成	完成			
	北齐高氏墓群	国保	景县	完成	完成	完成		
	孔颖达墓	省保	桃城区	完成	完成			
	后冢	省保	冀州区	完成	完成			
	窦氏青山（墓）	省保	武邑县	完成	完成			
	周亚夫墓	省保	景县	完成	完成			
	双冢汉墓	省保	冀州区	完成	完成			
	西元头汉墓	省保	冀州区	完成	完成			
	中角汉墓	省保	武邑县	完成	完成			
	西寨子古墓	省保	安平县	完成	完成			
	大冯营汉墓（传李左车墓）	省保	深州市	完成	完成			
	常庄汉墓	省保	冀州区	完成	完成			
	辉庄汉墓	省保	冀州区	完成	完成			
	孟岭汉墓	省保	冀州区	完成	完成			
	路晔、路升墓	省保	饶阳县	完成	完成			
	十八亩冢	省保	饶阳县	完成	完成			
	东黄城墓群	省保	安平县	完成	完成			
	前冢汉墓	其他	冀州区	完成	完成			
	小留屯墓葬	其他	景县	完成	完成			
古建筑	开福寺舍利塔	国保	景县	完成	完成	完成	完成	

续表

类型	名称	级别	区县	照片	视频	VR全景	摄影测量模型	三维扫描点云
古建筑	宝云塔	国保	桃城区	完成	完成		完成	
	庆林寺塔	国保	故城县	完成	完成		完成	
	衡水安济桥	国保	桃城区	完成	完成		完成	
	深州盈亿义仓	国保	深州市	完成	完成	完成		
	西堤北石塔（震雹塔）	省保	冀州区	完成	完成		完成	
	蔡氏贞节牌坊	省保	桃城区	完成	完成			
	十二里庄教堂	省保	故城县	完成	完成	完成		
	阜城文庙大成殿	省保	阜城县	完成	完成			
	大德昌钱庄	省保	深州市	完成	完成	完成		
	东廊子桥关帝庙	其他	桃城区	完成	完成			
	前磨头魁星亭	其他	深州市	完成	完成			
石窟寺及石刻	董仲舒石像	省保	枣强县	完成	完成		完成	
	马君起造像碑	省保	深州市	完成	完成		完成	
近现代重要史迹及代表性建筑	冀州旧城街区	省保	冀州区	完成	完成	完成		
	郑口运河险工	其他	故城县	完成	完成			
	冀南四·二九烈士陵园	其他	故城县	完成	完成			
	华家口夯土险工	其他	景县	完成	完成			

六、2021年

保定市、定州市

类型	名称	级别	区县	照片	视频	VR全景	摄影测量模型	三维扫描点云
古遗址	燕下都遗址	国保	易县、定兴县	完成	完成	完成		
	涧磁村定窑遗址	国保	曲阳县	完成	完成			
	南庄头遗址	国保	徐水区	完成	完成			
	刘伶醉烧锅遗址	国保	徐水区	完成	完成	完成		
	南阳遗址	国保	容城县	完成	完成	完成		
	北福地遗址	国保	易县	完成	完成			
	钓鱼台遗址	国保	曲阳县	完成	完成			
	要庄遗址	国保	满城区	完成	完成			
	东黑山遗址	国保	徐水区	完成	完成			
	北放水遗址	国保	唐县	完成	完成			
	夜借遗址	省保	满城区	完成	完成			
	北城子遗址	省保	唐县	完成	完成			

续表

类型	名称	级别	区县	照片	视频	VR全景	摄影测量模型	三维扫描点云
古遗址	留村遗址	省保	安新县	完成	完成			
	孟良河遗址	省保	曲阳县	完成	完成			
	子城遗址	省保	顺平县	完成	完成			
	遂城遗址	省保	徐水区	完成	完成			
	北边桥遗址	省保	涞水县	完成	完成			
	北庄遗址	省保	涞水县	完成	完成			
	富位遗址	省保	涞水县	完成	完成			
	张家洼遗址	省保	涞水县	完成	完成			
	甲村遗址	省保	涞源县	完成	完成			
	南屯遗址	省保	涞源县	完成	完成			
	梁庄遗址	省保	安新县	完成	完成			
	百尺遗址	省保	蠡县	完成	完成			
	定州东关遗址	省保	定州市	完成	完成			
	定州石佛寺遗址	省保	定州市	完成	完成			
	西甘德遗址	省保	定州市	完成	完成			
	赵村遗址	省保	定州市	完成	完成			
	大赤鲁遗址	省保	徐水区	完成	完成			
	东仙坡杜村遗址	省保	涿州市	完成	完成			
	青岗遗址	省保	涿州市	完成	完成			
	瀑河遗址	省保	徐水区	完成	完成			
	东都亭遗址	省保	唐县	完成	完成			
	洪城古城址	省保	唐县	完成	完成	完成		
	七里庄遗址	省保	易县	完成	完成			
	王子山院（王子寺）遗址	省保	曲阳县	完成	完成			
	楼桑铺遗址	省保	涿州市	完成	完成			
	北庄子遗址	省保	定州市	完成	完成			
	南陶邱遗址	省保	定州市	完成	完成			
古墓葬	中山靖王墓	国保	满城区	完成	完成	完成		
	汉中山王墓	国保	定州市	完成	完成			
	张柔墓	国保	满城区	完成	完成	完成		
	怡贤亲王墓	国保	涞水县	完成	完成	完成		
	所药村壁画墓	国保	望都县	完成	完成		完成	
	宋祖陵	国保	清苑区	完成	完成			
	王处直墓	国保	曲阳县	完成	完成			
	彭越墓	省保	清苑区	完成	完成			
	刘伶墓	省保	徐水区	完成	完成			

续表

类型	名称	级别	区县	照片	视频	VR全景	摄影测量模型	三维扫描点云
古墓葬	张华墓	省保	徐水区	完成	完成			
	大宋台古墓	省保	蠡县	完成	完成			
	影三郎墓	省保	蠡县	完成	完成			
	王子坟	省保	博野县	完成	完成			
	半壁店墓群	省保	涿州市	完成	完成			
	高官庄墓群	省保	涿州市	完成	完成			
	史邱庄古墓	省保	涿州市	完成	完成			
	防陵汉墓	省保	徐水区	完成	完成			
	大屯墓群	省保	定州市	完成	完成			
	定州东关墓群	省保	定州市	完成	完成			
	关汉卿墓	省保	安国市	完成	完成			
	李恕谷墓	省保	蠡县	完成	完成			
	齐盖墓	省保	蠡县	完成	完成	完成		
	高阳李氏家族墓地	省保	高阳县	完成	完成			
	曲阳赵氏家族墓地	省保	曲阳县	完成	完成			
	裕悼亲王保寿园寝	省保	易县	完成	完成		完成	
	裕庄亲王广禄园寝	省保	易县	完成	完成			
	田庄大墓	省保	曲阳县	完成	完成			
古建筑	定县开元寺塔（料敌塔）	国保	定州市	完成	完成		完成	
	北岳庙	国保	曲阳县	完成	完成	完成	完成	
	直隶总督署	国保	莲池区	完成	完成	完成		
	阁院寺	国保	涞源县	完成	完成			完成
	龙兴观道德经幢	国保	易县	完成	完成		完成	
	古莲花池	国保	莲池区	完成	完成	完成		
	腰山王氏庄园	国保	顺平县	完成	完成	完成		
	定州贡院	国保	定州市	完成	完成	完成	完成	
	药王庙	国保	安国市	完成	完成	完成		
	大慈阁	国保	莲池区	完成	完成	完成	完成	
	兴文塔	国保	涞源县	完成	完成		完成	
	圣塔院塔	国保	易县	完成	完成		完成	
	修德寺塔	国保	曲阳县	完成	完成		完成	
	解村兴国寺塔	国保	博野县	完成	完成		完成	
	大道观玉皇殿	国保	定州市	完成	完成		完成	
	净众院塔基地宫	国保	定州市	完成	完成			完成
	静志寺塔基地宫	国保	定州市	完成	完成			完成
	伍仁桥	国保	安国市	完成	完成		完成	

续表

类型	名称	级别	区县	照片	视频	VR全景	摄影测量模型	三维扫描点云
古建筑	保定钟楼	国保	莲池区	完成	完成	完成	完成	
	淮军公所	国保	莲池区	完成	完成	完成		
	清河道署	国保	莲池区	完成	完成	完成		
	直隶审判厅旧址	国保	莲池区	完成	完成	完成		
	方顺桥	国保	满城区	完成	完成		完成	
	双塔庵双塔	国保	易县	完成	完成		完成	
	伍侯塔	国保	顺平县	完成	完成		完成	
	定州清真寺	国保	定州市	完成	完成	完成		
	定州文庙	国保	定州市	完成	完成	完成		
	燕子村塔	省保	易县	完成	完成		完成	
	涞水城隍庙	省保	涞水县	完成	完成	完成	完成	
	塔峪村千佛宝塔	省保	易县	完成	完成		完成	
	易县清真寺	省保	易县	完成	完成	完成		
	三霄圣母殿	省保	曲阳县	完成	完成		完成	
	颜习斋祠堂	省保	博野县	完成	完成			
	定州南城门	省保	定州市	完成	完成	完成		
	行善寺及鬷假楼	省保	曲阳县	完成	完成	完成		
	孚公禅师塔	省保	唐县	完成	完成		完成	
	广善延禧寺	省保	唐县	完成	完成	完成		
	兴国寺大殿	省保	唐县	完成	完成		完成	
	巩固庄福隆号旧址	省保	徐水区	完成	完成	完成		
石窟寺及石刻	卧佛寺摩崖造像	国保	唐县	完成	完成			
	八会寺刻经	国保	曲阳县	完成	完成			
	苍山石佛堂	省保	阜平县	完成	完成	完成		
	北庄汉墓石刻	省保	定州市	完成	完成		完成	
	明伏石窟	省保	唐县	完成	完成	完成		
	镇国寺石佛	省保	易县	完成	完成			
	清化寺石佛	省保	曲阳县	完成	完成		完成	
	定州碑刻群	省保	定州市	完成	完成		完成	
	济渎岩摩崖石刻	省保	曲阳县	完成	完成			
近现代重要史迹及代表性建筑	冉庄地道战遗址	国保	清苑区	完成	完成	完成		
	晋察冀边区政府及军区司令部旧址	国保	阜平县	完成	完成	完成		
	保定陆军军官学校旧址	国保	莲池区	完成	完成	完成		
	育德中学旧址	国保	莲池区	完成	完成	完成		
	布里留法工艺学校旧址	国保	高阳县	完成	完成	完成		
	晏阳初旧居	国保	定州市	完成	完成	完成		

续表

类型	名称	级别	区县	照片	视频	VR全景	摄影测量模型	三维扫描点云
近现代重要史迹及代表性建筑	光园	国保	莲池区	完成	完成	完成		
	晋察冀边区烈士陵园	省保	唐县	完成	完成	完成		
	五勇士跳崖处	省保	易县	完成	完成	完成		
	保定天主教堂	省保	莲池区	完成	完成	完成		
	王灏庄园	省保	定州市	完成	完成	完成		
	黄土岭战役旧址	省保	涞源县	完成	完成	完成		
	野场惨案遗址	省保	顺平县	完成	完成			
	清风店战役旧址	省保	定州市	完成	完成			
	保定“稻香村”糕点铺	省保	莲池区	完成	完成	完成		
	北疃烈士陵园	省保	定州市	完成	完成	完成		
	宋氏祠堂	省保	莲池区	完成	完成	完成		

张家口市

类型	名称	级别	区县	照片	视频	VR全景	摄影测量模型	三维扫描点云
古遗址	许家窑-侯家窑遗址	国保	阳原县	完成	完成			
	元中都遗址	国保	张北县	完成	完成	完成		
	代王城遗址	国保	蔚县	完成	完成			
	泥河湾遗址群	国保	阳原县	完成	完成	完成		
	九连城遗址	国保	沽源县	完成	完成			
	小宏城遗址	国保	沽源县	完成	完成			
	土城子遗址	国保	尚义县	完成	完成			
	三关遗址	国保	蔚县	完成	完成			
	筛子绫罗遗址	国保	蔚县	完成	完成			
	庄窠遗址	国保	蔚县	完成	完成			
	太子城遗址	国保	崇礼区	完成	完成			
	西土城遗址	国保	康保县	完成	完成			
	马站遗址	省保	怀来县	完成	完成			
	关子口遗址	省保	宣化区	完成	完成			
	石嘴子遗址	省保	崇礼区	完成	完成			
	前阳坡遗址	省保	张北县	完成	完成			
	小兰城城址	省保	康保县	完成	完成			
	贲贲淖遗址	省保	尚义县	完成	完成			
	大苏计遗址	省保	尚义县	完成	完成			
	东坡遗址	省保	蔚县	完成	完成			
	水沟口遗址	省保	怀安县	完成	完成			
	西大崖遗址	省保	怀安县	完成	完成			

续表

类型	名称	级别	区县	照片	视频	VR 全景	摄影测量 模型	三维 扫描点云
古遗址	蚩尤寨遗址	省保	涿鹿县	完成	完成			
	下沙河遗址	省保	涿鹿县	完成	完成			
	涿鹿故城（黄帝城）址	省保	涿鹿县	完成	完成	完成		
	灵真观遗址	省保	赤城县	完成	完成			
	大宏城城址	省保	沽源县	完成	完成			
	石头城遗址	省保	沽源县	完成	完成			
	新庙村北遗址	省保	尚义县	完成	完成			
	竹林寺遗址	省保	阳原县	完成	完成			
	独石口砖瓦窑遗址群	省保	赤城县	完成	完成			
	黑城子遗址	省保	张北县	完成	完成			
	宋家房遗址	省保	怀安县	完成	完成			
	太平庄遗址	省保	怀安县	完成	完成			
	大古城遗址	省保	怀来县	完成	完成			
	小古城遗址	省保	怀来县	完成	完成			
	潘城遗址	省保	涿鹿县	完成	完成			
古墓葬	下八里墓群	国保	宣化区	完成	完成	完成	完成	
	梳妆楼元墓	国保	沽源县	完成	完成	完成		
	杨赟家族墓地	国保	蔚县	完成	完成		完成	
	老农湾墓群	省保	万全区	完成	完成			
	耿家屯墓群	省保	怀安县	完成	完成			
	赵家窑墓群	省保	怀安县	完成	完成			
	小白阳墓群	省保	宣化区	完成	完成			
	张家屯辽墓	省保	怀安县	完成	完成			
	北辛堡墓群	省保	怀来县	完成	完成			
	东沟壁画墓	省保	赤城县	完成	完成			
	杨洪墓	省保	赤城县	完成	完成	完成		
古建筑	宣化古城	国保	宣化区	完成	完成	完成	完成	
	蔚州玉皇阁	国保	蔚县	完成	完成	完成	完成	
	南安寺塔	国保	蔚县	完成	完成		完成	
	释迦寺	国保	蔚县	完成	完成	完成	完成	
	昭化寺	国保	怀安县	完成	完成	完成	完成	
	鸡鸣驿城	国保	怀来县	完成	完成	完成		
	时恩寺	国保	宣化区	完成	完成	完成		
	万全右卫城	国保	万全区	完成	完成	完成		
	洗马林玉皇阁	国保	万全区	完成	完成	完成	完成	
	常平仓	国保	蔚县	完成	完成	完成		

续表

类型	名称	级别	区县	照片	视频	VR全景	摄影测量模型	三维扫描点云
古建筑	暖泉华严寺	国保	蔚县	完成	完成	完成	完成	
	蔚州灵岩寺	国保	蔚县	完成	完成	完成	完成	
	西古堡	国保	蔚县	完成	完成	完成	完成	
	真武庙	国保	蔚县	完成	完成	完成	完成	
	张家口堡	国保	桥西区	完成	完成	完成		
	佛真猞猁迤逻尼塔	国保	宣化区	完成	完成		完成	
	宣化柏林寺	国保	宣化区	完成	完成	完成	完成	完成
	洗马林城墙	国保	万全区	完成	完成	完成		
	卜北堡玉泉寺	国保	蔚县	完成	完成	完成	完成	
	故城寺	国保	蔚县	完成	完成	完成	完成	
	金河寺悬空庵塔群	国保	蔚县	完成	完成	完成	完成	
	沙子坡老君观	国保	蔚县	完成	完成	完成	完成	
	天齐庙	国保	蔚县	完成	完成	完成	完成	
	蔚县重泰寺	国保	蔚县	完成	完成	完成	完成	
	蔚州古城墙	国保	蔚县	完成	完成	完成	完成	
	蔚州关帝庙	国保	蔚县	完成	完成	完成	完成	
	澍鹭寺塔	国保	阳原县	完成	完成		完成	
	重光塔	国保	赤城县	完成	完成		完成	
	五龙壁	省保	宣化区	完成	完成		完成	
	镇边城	省保	怀来县	完成	完成	完成		
	云泉寺	省保	桥西区	完成	完成	完成		
	单侯村关帝庙石旗杆	省保	蔚县	完成	完成	完成	完成	
	阳原玉皇阁	省保	阳原县	完成	完成	完成		
	镇水塔	省保	涿鹿县	完成	完成		完成	
	涿鹿鼓楼	省保	涿鹿县	完成	完成	完成		
	朝阳洞塔	省保	赤城县	完成	完成		完成	
	赤城鼓楼	省保	赤城县	完成	完成	完成	完成	
	长春沟塔群	省保	赤城县	完成	完成	完成	完成	
	吉星楼	省保	蔚县	完成	完成	完成		
	苑庄灯影台	省保	蔚县	完成	完成	完成		
	燕峰山炬禅师灵塔	省保	涿鹿县	完成	完成		完成	
	涿鹿观音寺	省保	涿鹿县	完成	完成	完成		
	立化寺塔	省保	宣化区	完成	完成		完成	
	旧羊屯戏楼	省保	万全区	完成	完成	完成	完成	
	北方城真武庙	省保	蔚县	完成	完成	完成		
	代王城三面戏楼及财神庙、龙王庙	省保	蔚县	完成	完成	完成		

续表

类型	名称	级别	区县	照片	视频	VR全景	摄影测量模型	三维扫描点云
古建筑	峰山寺	省保	蔚县	完成	完成	完成	完成	
	弥勒寺	省保	蔚县	完成	完成	完成	完成	
	南留庄关帝庙	省保	蔚县	完成	完成	完成		
	南留庄泰山庙	省保	蔚县	完成	完成	完成		
	暖泉当铺	省保	蔚县	完成	完成	完成		
	宋家庄穿心戏楼	省保	蔚县	完成	完成	完成		
	苏官堡华严寺	省保	蔚县	完成	完成	完成		
	蔚县财神庙	省保	蔚县	完成	完成	完成		
	蔚县城隍庙	省保	蔚县	完成	完成	完成	完成	
	西北江泰山庙	省保	蔚县	完成	完成	完成		
	西高庄玉皇庙	省保	蔚县	完成	完成	完成		
	开阳堡	省保	阳原县	完成	完成	完成	完成	
	西洋河城墙	省保	怀安县	完成	完成	完成		
	宝峰寺	省保	涿鹿县	完成	完成	完成		
	涿鹿清真寺	省保	涿鹿县	完成	完成	完成		
	独石口城	省保	赤城县	完成	完成	完成		
	瑞云寺塔（温泉塔）	省保	赤城县	完成	完成		完成	
	蔚县大蔡庄李家祠堂	省保	蔚县	完成	完成	完成		
	蔚县古堡建筑群	省保	蔚县	完成	完成	完成	完成	
	蔚县夏源南堡关帝庙	省保	蔚县	完成	完成	完成		
	蔚县小探口堡门及戏楼	省保	蔚县	完成	完成			
	蔚县杨庄极乐寺	省保	蔚县	完成	完成	完成		
	涿鹿县东岳庙	省保	涿鹿县	完成	完成	完成		
	涿鹿县南大寺	省保	涿鹿县	完成	完成	完成	完成	
	涿鹿县溪源龙王庙	省保	涿鹿县	完成	完成	完成		
	赤城县长伸地戏楼	省保	赤城县	完成	完成	完成		
	万里茶道遗存点	省保	崇礼区、怀安县、张北县	完成	完成			
石窟寺及石刻	滴水崖石窟	省保	赤城县	完成	完成	完成		
	龙门崖摩崖石刻	省保	赤城县	完成	完成			
	正沟街摩崖石刻	省保	桥西区	完成	完成			
	下花园石窟	省保	下花园区	完成	完成	完成		
	护国寺石窟	省保	赤城县	完成	完成	完成		
	温泉碑刻	省保	赤城县	完成	完成			
近现代重要史迹及代表性建筑	察哈尔都统署旧址	国保	桥西区	完成	完成	完成		
	晋察冀军区司令部旧址	国保	桥东区	完成	完成	完成		

续表

类型	名称	级别	区县	照片	视频	VR全景	摄影测量模型	三维扫描点云
近现代重要史迹及代表性建筑	察哈尔民主政府旧址	国保	宣化区	完成	完成	完成		
	察哈尔农民协会旧址	省保	桥东区	完成	完成	完成		
	孟家坟民宅	省保	下花园区	完成	完成	完成		
	“八〇二”军事演习观礼台	省保	万全区	完成	完成			
	苏蒙联军烈士纪念塔	省保	张北县	完成	完成	完成		
	水闸屯侵华日军碉堡	省保	怀安县	完成	完成			
	平北抗日根据地旧址	省保	赤城县	完成	完成			
	“爱吾庐”冯玉祥将军图书馆	省保	桥东区	完成	完成	完成		
	直隶省立第十六中学校礼堂	省保	宣化区	完成	完成	完成		
	新保安战役遗迹	省保	怀来县	完成	完成	完成		
	十六中欧式小楼	省保	桥西区	完成	完成	完成		
	蔚县西合营师范旧址	省保	蔚县	完成	完成	完成		
	京张铁路——张家口段文物遗存	省保	下花园区、桥东区、宣化区	完成	完成	完成		

承德市

类型	名称	级别	区县	照片	视频	VR全景	摄影测量模型	三维扫描点云
古遗址	金界壕遗址	国保	丰宁满族自治县	完成	完成			
	会州城	国保	平泉市	完成	完成			
	四方洞遗址	国保	鹰手营子矿区	完成	完成	完成		
	付将沟遗址	国保	兴隆县	完成	完成			
	隆化土城子城址	国保	隆化县	完成	完成			
	顶子城遗址	国保	平泉市	完成	完成			
	化子洞遗址	国保	平泉市	完成	完成			
	寿王坟铜冶遗址	省保	鹰手营子矿区	完成	完成			
	白河南遗址	省保	承德县	完成	完成			
	土城子遗址	省保	承德县	完成	完成			
	小城子城址	省保	滦平县	完成	完成			
	兴州古城	省保	滦平县	完成	完成			
	四角城址	省保	丰宁满族自治县	完成	完成			
	半截塔村古城	省保	围场满族蒙古族自治县	完成	完成			

续表

类型	名称	级别	区县	照片	视频	VR全景	摄影测量模型	三维扫描点云
古遗址	城子古城	省保	围场满族蒙古族自治县	完成	完成			
	岱尹城址	省保	围场满族蒙古族自治县	完成	完成			
	后台子遗址	省保	滦平县	完成	完成			
	北梁遗址	省保	围场满族蒙古族自治县	完成	完成			
	岔沟门遗址	省保	承德县	完成	完成			
	炮台山遗址	省保	滦平县	完成	完成			
	栲栳山遗址	省保	隆化县	完成	完成			
	五窑沟古窑遗址	省保	双桥区	完成	完成			
	白河口遗址	省保	承德县	完成	完成			
	东梁大地遗址	省保	承德县	完成	完成			
	平安堡土城子城址	省保	兴隆县	完成	完成			
	石佛梁遗址	省保	滦平县	完成	完成			
	鸽子洞元代窖藏遗址	省保	隆化县	完成	完成			
	老阳坡遗址	省保	隆化县	完成	完成			
	小坝子障城城址	省保	丰宁满族自治县	完成	完成			
	海苏湾遗址	省保	围场满族蒙古族自治县	完成	完成			
	小锥子山古城址	省保	围场满族蒙古族自治县	完成	完成			
	新营子村北梁遗址	省保	围场满族蒙古族自治县	完成	完成			
	铅南沟遗址	省保	平泉市	完成	完成			
	太平梁遗址	省保	平泉市	完成	完成			
	佟杖子遗址	省保	平泉市	完成	完成			
	东山头遗址	其他	平泉市	完成	完成			
	窑山遗址	其他	平泉市	完成	完成			
古墓葬	石羊石虎墓群	国保	平泉市	完成	完成		完成	
	梓木林子古墓	省保	兴隆县	完成	完成			
	小城子西山墓群	省保	滦平县	完成	完成			
	八王沟墓群	省保	平泉市	完成	完成		完成	
古建筑	承德城隍庙	国保	双桥区	完成	完成	完成		
	凤山关帝庙	国保	丰宁满族自治县	完成	完成	完成	完成	
	半截塔	国保	围场满族蒙古族自治县	完成	完成		完成	

续表

类型	名称	级别	区县	照片	视频	VR 全景	摄影测量 模型	三维 扫描点云
古建筑	木兰围场	省保	围场满族蒙古族自治县	完成	完成			
	汤泉行宫	省保	承德县	完成	完成	完成		
	台吉营普宁寺	省保	隆化县	完成	完成	完成		
	黄崖寺塔群	省保	宽城满族自治县	完成	完成	完成		
	超仙院	省保	围场满族蒙古族自治县	完成	完成	完成	完成	
	穹览寺	省保	双滦区	完成	完成	完成		
	庆成寺	省保	滦平县	完成	完成	完成		
	兴州行宫	省保	滦平县	完成	完成	完成		
	十八里汰戏楼	省保	隆化县	完成	完成	完成		
	平泉清真寺	省保	平泉市	完成	完成	完成		
	琳霄观	省保	双滦区	完成	完成			
	十字街戏楼	省保	隆化县	完成	完成	完成		
石窟寺及石刻	木兰围场御制碑、摩崖石刻	国保	围场县、隆化县	完成	完成		完成	
	石佛口摩崖造像	省保	隆化县	完成	完成		完成	
	雾灵山清凉界石刻	省保	兴隆县	完成	完成		完成	
	磬锤峰摩崖造像	省保	双桥区	完成	完成		完成	
	潘家店岩画	省保	围场满族蒙古族自治县	完成	完成			
近现代重要史迹及代表性建筑	董存瑞烈士陵园	省保	隆化县	完成	完成	完成		
	热河都统署旧址	省保	双桥区	完成	完成			
	小西天三壮士墓	省保	兴隆县	完成	完成			
	水泉沟“万人坑”遗址	省保	双桥区	完成	完成			
	苏联红军烈士纪念碑	省保	双桥区	完成	完成			
	大庙村炮楼	省保	双滦区	完成	完成			
	倒流水金矿遗址	省保	兴隆县	完成	完成			
	六拨子“人圈”遗址	省保	兴隆县	完成	完成			
	蘑菇峪“人圈”遗址	省保	兴隆县	完成	完成			
	滦平铁路隧道遗址	省保	滦平县	完成	完成	完成		
	四道沟“人圈”遗址	省保	隆化县	完成	完成			
	二道河子“人圈”遗址	省保	丰宁满族自治县	完成	完成			
	锦承线日伪铁路碉堡群	省保	承德县	完成	完成			
	郭小川故居	其他	丰宁满族自治县	完成				